부는 어디에서 오는가

WALLACE D. WATTLES.

THE
SCIENCE OF
GETTING
RICH

BY
W. D. WATTLES
Author of "New Science of Living
and Healing."

PRICE, $1.00

PUBLISHED BY
ELIZABETH TOWNE
HOLYOKE, MASS.
1910

부는 어디에서 오는가

The Science of Getting Rich

월리스 D. 와틀스 지음 | 이수정 옮김

더스토리

| 차례 |

이 책은 추상적인 철학책도 아니요, 이론적인 학술서도 아니다. 이 책은 실용적인 설명서에 가깝다. 이 책은 현재, 그 무엇보다 돈이 필요한 사람들을 위한 책이다. 철학적 사색은 뒤로 미루고 가능한 한 빨리 '부자'가 되고 싶은 사람들을 위한 책이다.

이 책은 비록, '부(富)'와 관련된 과학 이론을 깊이 있게 연구할 시간과 수단과 기회는 없었지만, 그래도 과학적 결과가 필요한 이들을 위해 쓰였다. 또, 그런 과학적 결과가 도출된 세세한 과정을 알지는 못하나 장차, 그 과학을 행동의 기반으로 삼고 싶어 하는 사람들을 위해 쓰였다.

이 책에 담긴 원칙들을 수용할 때는 마르코니(Marconi) 나 에디슨(Edison)이 공표한 '전기의 법칙'을 받아들일 때 처럼 강한 믿음이 뒷받침되길 바란다. 그리고 믿음으로 받아들인 이 책의 내용이 진실임을 증명해 보일 때는 주저하거나 두려워하지 않길 바란다.

그러면 틀림없이, 누구나 부자가 될 수 있다.

이 책에 적용된 과학은 정밀과학이라 실패가 있을 수 없다. 그래도, 철학적 이론이나 논리적 기반이 필요한 사람은 다음의 명망 있는 철학자들의 저서를 참고하길 바란다.

우주 일원론은 '하나가 전체요, 전체가 하나'라는 전제 하에 우리 물질계를 하나의 원천 물질이 다수의 형태로 나타난 결과라고 보는 이론이다. 일원론은 힌두교에서 발생하여 지난 200년 동안 서방 세계의 사고 체계에 막대한 영향을 미쳤다. 제반 동양 철학의 토대가 되기도 하였으며 데카르트, 스피노자, 라이프니츠, 쇼펜하우어, 헤

겔, 에머슨 철학의 근간을 형성했다. 이에 관한 철학적 기반을 더 알고 싶다면 특히, 헤겔과 에머슨의 저서를 읽어보길 바란다.

이 책은 복잡하고 난해한 요인을 배제하고 단순 명료한 논조로 쓰였으므로 누구나 쉽게 이해할 수 있다. 이 책에 제시된 행동 계획은 철학적인 논리 추론법에 따라 도출된 것이다. 다시 말해, 엄중하고 실제적인 실험을 거쳐 철저히 검증된 과학적 원칙이다. 고로, 현실에 적용했을 때 효과를 볼 수밖에 없다.

이 같은 결론에 도달할 수 있었던 과정이 궁금하다면 앞서 언급한 철학자들의 저서를 읽어보길 바란다. 당신은 그 위대한 철학자들의 연구 결실을 현실에서 거두고 싶은가?

그렇다면 이 책을 읽으면 된다.

그리고 행동하라.

이 책에 쓰인 그대로 실행하라.

1장

당신에게는 부자 될 권리가 있다

모든 생명체의 목적은 '발전',

즉 지금보다 '더 큰' 존재가 되는 데 있다.

이 우주의 생명 있는 모든 개체는 '성장'이라는,

양도 불가한 권리를 갖고 있다.

인간의 경우, '삶의 권리'라 함은

육체적 · 정신적 · 영적 성장을 위해

필요한 물자를 자유롭게,

제약 없이 이용할 권리를 의미한다.

요컨대, 우리 인간에게는

부자가 될 권리가 있다는 뜻이다.

그 어떤 말을 동원해 가난을 칭송한들 여전히 한 가지 문제는 남는다. 부자가 되지 않고 진정으로 완벽한 삶, 성공적인 삶을 살기란 불가능하다는 사실이다. 돈이 충분치 않으면 인간은 품은 재능이나 역량을 최대치로 발휘할 수 없다. 심신을 연마하고 재능을 계발하기 위해 우리는 이용 가능한 무언가를 최대한 많이 소유해야 한다. 그런데 그 무언가를 살 돈이 없다면 소유 자체가 불가능해진다.

육체적·정신적·영적 발전을 도모하기 위해 인간은 반

드시 무언가를 이용하기 마련이다. 그런데 우리 인간 사회는 무언가를 소유하려면 돈이 필요한 구조로 되어 있다. 따라서, 인간의 모든 발전과 성장은 '부자 되는 과학'에 기초한다는 논리가 성립된다.

모든 생명체의 목적은 '발전', 즉 지금보다 '더 큰' 존재가 되는 데 있다. 이 우주의 생명 있는 모든 개체는 '성장'이라는, 양도 불가한 권리를 갖고 있다. 인간의 경우, '삶의 권리'라 함은 육체적·정신적·영적 성장을 위해 필요한 물자를 자유롭게, 제약 없이 이용할 권리를 의미한다. 요컨대, 우리 인간에게는 부자가 될 권리가 있다는 뜻이다.

이 책에서 나는 '부(富)'를 모호하게 말하지 않으려 한다. 진정한 부는 적은 것에 만족하거나 적은 상태를 충분하다고 여기는 것을 의미하지 않는다. 많은 것을 이용하고 누릴 능력이 있는데도 적은 것으로 만족해서는 안 된다. 이 우주 만물의 목적은 삶의 지속과 발전이다. 따라서, 우리 인간은 삶을 지속하고 발전시켜 나가는 데 보탬

되는 모든 걸 소유해야 한다. 삶의 품격, 아름다움, 풍족함 같은 요소는 그 기본이다. 고로, 적은 것에 만족하는 태도는 자기 삶에 죄를 짓는 것과 마찬가지다.

'부자'란 자신에게 허락된 최대치의 삶을 사는데 원하는 모든 걸 가진 사람이다. 돈이 충분치 않으면 당신은 원하는 걸 전부 가질 수 없다. 지금까지 인간 사회는 부단히 진보해왔고 부단히 진보해 온 만큼 몹시도 복잡다단해졌다. 그래서 완벽한 삶의 수준에 가까워지려면 평범한 사람도 상당한 액수의 돈이 필요해진 실정이다.

사람이라면 자기 능력이 허락하는 한, 될 수 있는 모든 것이 되고 싶어 한다. 자기 안의 가능성을 실현하려는 욕망은 인간의 본성이다. 스스로 될 수 있다는 걸 알면서 그걸 바라지 않기란 불가능하다.

성공적인 삶이란 자신이 원하는 대로 사는 삶을 말한다. 원하는 대로 살기 위해서는 물자의 이용이 필수적이다. 물자를 자유로이 이용하려면 그걸 살 수 있는 충분한 돈이 필요하다. 따라서, 부자 되는 과학을 이해한다는 것은 우리 삶의 모든 지식 중에서 최우선으로 중요하다 하겠다.

부자가 되고 싶어 하는 마음은 잘못된 것이 아니다. 부자가 되려는 욕망은 지금보다 부유하고, 충만하고, 풍족하게 살고 싶어 하는 마음이므로 오히려 칭찬받아야 마땅하다. 지금보다 더 풍족하게 살고 싶다는 욕망이 없는 사람이 비정상이다. 원하는 걸 전부 살 수 있게 충분한 돈을 갖고 싶다는 욕망이 없는 사람이 비정상이다.

인간의 삶에는 몸, 정신, 영혼이란 세 가지 동인(動因)이 있다. 우리 인간은 몸, 정신, 영혼을 위해서 산다. 세 가지 중 어떤 게 더 우위에 있다고 할 수 없다. 세 가지 모두 골고루 가치 있다. 세 가지 중 하나라도 부족하면 나머지 둘도 온전히 구현될 수 없다. 몸과 정신을 부정하고 오로지 영혼만 추구하는 삶을 무조건 옳고 숭고하다고 할 수 없다. 몸과 영혼을 부정하고 지성만을 추구하는 것도 옳지 않다.

정신과 영혼을 부정한 채 오로지 몸의 만족만 추구하

며 사는 삶이 얼마나 비참한 결말을 초래하는지 우리는 잘 알고 있다. 진정한 삶이란 몸, 정신, 영혼을 통해 자기 삶을 완벽하게 표현할 수 있는 상태를 의미한다. 몸이 완벽하게 기능하지 못하면 진정한 의미의 행복이나 만족을 얻을 수 없다. 정신, 영혼의 경우도 마찬가지다. 자기 안의 어떤 가능성이 외부로 표현되지 않거나 어떤 기능이 실제로 발휘되지 못하면 그게 충족되지 못한 욕망으로 남는다.

표현되고 싶어 하는 가능성, 발휘되고 싶어 하는 기능. 그 총체가 바로 인간의 욕망이란 것이다.

좋은 음식과 편안한 의복, 따뜻한 보금자리가 없는 상태, 또 과도한 노동에 몸과 마음이 묶인 상태에서 육체적으로 만족스러운 삶을 영위한다고 할 수 없다. 휴식과 오락 역시, 육체적인 삶을 위해 필수적이다.

책을 읽고 싶어도 읽을 책이나 책 읽을 시간이 없다면, 또 다양한 곳에 여행을 다니며 견문을 넓힌다거나 지적으로 교류할 기회가 없다면 정신적으로 충만한 삶을 산다고 할 수 없다. 정신적으로 만족스러운 삶을 위해 사람에게는 지적 유희가 필요하다. 우리 삶에는 나름대로 이용할 수 있고 즐길 수 있는 예술이나 미의 대상이 확보되어야 한다.

영혼이 충만한 삶을 위해서는 '사랑'이 필요하다. 그런데 가난한 상태에서는 사랑을 제대로 표현할 수 없다. 인간이 누릴 수 있는 최고의 행복은 사랑하는 사람에게 이로운 것을 줄 때 성취된다. 가장 자연스러운 사랑의 표현은 '주는' 것이다. 줄 것이 없는 사람은 한 사람의 남편, 아내, 아버지, 어머니, 시민, 남자, 여자로서 맡은바 본분을 다할 수 없다.

한 사람의 육체적 충만, 정신적 성장, 영혼 구현은 물자를 이용하는 행위로 그 실현이 가능하다.

당신 삶에서 부자가 되는 일은 이 정도로 중요하다.

부자가 되고 싶다는 욕망을 품는 것은 전적으로 옳다. 정상적인 남자, 여자라면 부자가 되려는 욕망을 갖는 게 당연하다. 더불어, 부자 되는 과학에 지대한 관심을 기울이는 것 역시, 전적으로 옳다. 부자 되는 과학이야말로 우리 삶에서 가장 숭고하고 가장 필요한 공부라 할 수 있다. 부자 되는 과학을 도외시한다면 자기 자신과 신과 인류에 대해 맡은 소명을 다하지 않는 셈이다.

자기 삶의 최대치를 실현하는 것. 당신이 신과 인류에게 행할 수 있는 가장 큰 보답이다.

2장

부자의 방식은 실제로 존재한다

부자가 된 사람들을 연구해 보면,

오히려 모든 면에서

평범하다는 걸 알 수 있다.

남이 갖지 못한 재능이나 능력을 갖춰

부자가 된 게 아니라

부자 되는 특정 방식,

즉 '부자의 방식'을 따랐기 때문에

부자가 됐다는 증거다.

부자 되는 과학은 실제로 존재한다. 부자 되는 과학은 대수학, 산술학과 마찬가지로 확실한 과학이다. 이 세상에는 부를 얻는 과정을 주관하는 특정 법칙들이 실제로 존재한다. 이 법칙을 배우고 실천한다면 당신은 수학 문제를 풀 듯, 분명하고도 확실하게 부자가 될 수 있다.

돈과 물자의 소유권은 부자 되는 과학의 특정 방식, 즉, '부자의 방식'을 실천하면 자연히 따라오는 결과다. 의도적이든 우연이든, 부자의 방식을 적용하는 사람은 반드시 부자가 된다. 반면, 부자의 방식대로 하지 않으면 아무리 재능이 뛰어나고 열심히 노력한다 한들 가난을 면치 못한다.

위의 진술은 원인이 같으면 결과도 같기 마련인 자연법칙에 해당된다. 그래서 이 부자의 방식을 배워 그대로 행한다면 누구든 부자가 될 수밖에 없다.

방금 한 말이 진리임을 다음의 사실들로 입증하고자 한다.

부자가 되는 것은 환경과 아무 상관 없다. 환경 때문에 부자가 될 수 있다면 특정 동네 사람들은 모두 부자가 되어야 할 것이다. 어떤 도시는 모두 부자만 살고, 어떤 도시는 모두 가난해야 할 것이다. 어떤 지역 거주민들은 금 밭에서 구르고 인근 지역 거주민들은 가난에 허덕여야 할 것이다.

그런데 주변을 보라. 현실에서는 어딜 가든 부자와 가난한 사람이 한데 섞여 산다. 같은 환경 안에서 살고, 심지어는 같은 직업에 종사하기도 한다. 지역이 같고 직업도 같은 두 사람 중 한 사람은 부자인데 다른 한 사람은 가난한 경우가 허다하다. 이는 원칙적으로, 부자 되는 일이 환경 탓이 아니라는 사실을 입증해준다. 물론, 상대적으로 환경의 덕을 보는 경우가 없는 건 아니다. 그러나 같은 동네에 살면서 같은 직업을 가진 두 사람이 누구는 부자인데 누구는 그렇지 않다면 부자가 된다는 것이 어떤 특정 방식을 따른 결과임을 증명한다.

부자의 방식은 재능이 있다고 해서 그 실천에 유리한 것도 아니다. 재능이 뛰어난데 가난한 사람이 있는가 하면, 재능이 없는데 부자인 사람도 많기 때문이다.

부자가 된 사람들을 연구해 보면, 오히려 모든 면에서 평범하다는 걸 알 수 있다. 남이 갖지 못한 재능이나 능력을 갖춰 부자가 된 게 아니라 부자 되는 특정 방식, 즉 '부자의 방식'을 따랐기 때문에 부자가 됐다는 증거다.

근검절약한다고 해서 무조건 부자가 되는 것도 아니다. 아주 검소한데도 가난하다거나 마음껏 쓰는 데도 부자인 경우가 비일비재하다.

그렇다고 다른 사람은 하지 못하는 일을 할 줄 알아서

부자가 되는 것도 아니다. 같은 업종에 종사하면서 똑같은 일을 하는데 어떤 사람은 부자고 어떤 사람은 가난을 면치 못하거나 파산하고 마는 경우도 많기 때문이다.

이 모든 사실을 놓고 볼 때, 부자가 된다는 것은 어떤 특정 방식, 즉, '부자의 방식'을 실천할 때 비로소 가능하다는 결론에 도달한다. 부자가 되는 게 어떤 특정 방식에 따른 결과이고, 같은 원인에서 같은 결과가 도출되는 게 과학이라면 그 방식대로 실천했을 때 누구나 부자가 된다는 공식이 성립한다. 이 모든 논리는 명백한 과학의 영역이다.

그런데 혹시 이 '부자의 방식'이란 게 실천이 너무 어려워 아무나 따라 할 수 없는 것은 아닌지 의문이 들 수도 있다. 결코, 그렇지 않다. 사람이면 누구나 지닌 저마다의 고유한 능력이면 족하다. 재능있는 사람도 부자가 되고, 아둔한 사람도 부자가 되고, 지적이고 총명한 사람도 부자가 되고, 머리가 좋지 못한 사람도 부자가 되고, 신체 건강한 사람도 부자가 되고, 약하고 병든 사람도 부자가 된다.

물론, 어느 정도의 사고력과 이해력은 필요하다. 그러나 저마다의 고유한 능력을 지닌데다 이 글을 읽고 이해할 정도의 지력만 있다면 누구든 틀림없이 부자가 될 수 있다.

또, 앞서도 살펴보았듯, 환경도 중요하지 않다. 물론, 어떤 경우는 지리적 요인이 중요할 수 있다. 사하라 사막 한가운데 사업을 벌여놓고 성공하기를 기대할 수는 없는 일일 테니 말이다.

부자가 되려면 사람들과 만나 거래해야 하니 거래할 사람이 있는 곳으로 가야 한다. 이때, 거래할 사람이 당신이 원하는 거래 방식에 순순히 응한다면 당신에게 더할 나위 없이 고무적이다. 그러나 환경의 영향력은 딱 이 정도까지다.

당신이 사는 동네에서 누군가 부자가 될 수 있다면 당신도 그럴 수 있다. 당신이 사는 지역에서 누군가 부자가 될 수 있다면 당신도 그럴 수 있다.

다시 말하지만, 부자가 되는 건 특정 사업이나 특정 직업을 잘 선택하는 문제와 아무 관계 없다. 어떤 사업이든 어떤 직종이든, 똑같은 일을 하는데도 누구는 부자가 되고, 또 누구는 가난하게 산다.

물론, 당신이 좋아하는 일, 적성에 맞는 일을 하면 당신이 품은 최대치의 역량을 발휘할 수 있다. 가진 재능을 잘 연마하면 그 재능이 요구되는 직종이나 사업에서 역시, 능력을 최고로 발휘할 확률이 높다.

당신이 하는 사업의 내용이 당신이 사는 지역의 특성에 잘 맞는 경우도 최선의 결과를 기대할 수 있다. 아이스크림 가게라면 그린란드보다는 더운 지역이 나을 것이며 연어잡이라면 연어가 드문 플로리다보다는 북서쪽 해안이 더 유리할 것이다.

그러나 이런 일반적 제한 요건을 차치하면, 부자가 되는 것은 어떤 사업에 종사하느냐의 문제보다 특정 방식으로 행하는 법을 배웠는가에 달려 있다. 지금 당신이 몸담은 사업을 같은 지역에서 똑같이 하는 사람들 모두 부자가 됐는데 당신만 그렇지 못하다면 이유는 간단하다. 그들이 따르고 있는 부자 되는 특정 방식, 즉 '부자의 방식'을 당신만 따라 하지 않기 때문이다.

자본이 부족해 부자가 되지 못하는 사람은 없다. 물론, 적정 수준의 자본을 소유한 사람은 좀 더 쉽고 빠르게 부자가 될 수 있다. 하지만 자본을 소유하고 있는 사람은 이미 부자다. 그런 사람은 부자 되는 방법에 관해 고민할 필요도 없다.

현재 당신이 얼마나 가난하든 상관없다. 부자의 방식대로 실천하기 시작하면 당신도 얼마든지 부자가 되는 길로 들어설 수 있다. 당신에게 자본이 저절로 생겨날 것이다. 자본의 소유권은 부자가 되는 자연스러운 과정인 동시에 부자의 방식을 실천했을 때 반드시 얻어지는 결과다.

당신이 현재, 이 나라에서 제일 가난한 사람이라도 상관없다. 막대한 빚을 지고 있어도 상관없다. 친구나 영향력이나 자산이 없어도 상관없다. 아무래도 괜찮다. 부자의 방식을 실천하기만 하면 당신도 틀림없이 부자가 된다. 같은 원인은 같은 결과를 도출하기 때문이다.

당신에게 가진 자본이 없는가? 그렇다면 당신은 자본을 얻게 될 것이다. 당신은 현재, 수지 안 맞는 사업을 하고 있는가? 그렇다면 당신 사업은 수지가 들어맞게 될 것이다. 당신은 수익이 안 나는 지역에서 사업을 하고 있는가? 그렇다면 당신이 있는 바로 그곳에서 수익이 날 것이다. 지금 당신이 하는 사업을 지금 당신이 있는 자리에서 그대로 하면 된다.

단, 부자의 방식대로 실천하면서 말이다.

3장

기회는 정말로 독점되는가?

부자의 방식을

따르기만 한다면

노동자 계층도

경영자 계층이 될 수 있다.

'부자의 방식'은

모든 사람에게

공평하게 적용되며

노동자도 예외가 될 수 없다.

다른 이에게 기회를 뺏겨서 가난을 면치 못하는 사람은 없다. 다른 사람이 부를 독점하고 울타리를 둘러 당신을 얼씬 못하게 막았기 때문도 아니다. 물론, 당신의 접근이 제한된 사업 분야가 존재할 수는 있다. 하지만 다른 쪽으로 열려 있는 경로도 얼마든지 있다.

당장 대형 철도 사업에 손대기는 어려울 수 있다. 철도 사업은 독점되는 경향이 강하기 때문이다. 그러나 전철 사업은 아직 걸음마 단계라 사업 가능성의 여지가 상당하다. 또 몇 년 이내로 항공 운송 산업이 활발해지면서 관런 업계에 수백, 수천, 아니 수백만에 달하는 고용기회가 창출될 것이다. 거대 철도 회사나 증기 철도 사업체와 경쟁하느니 항공 운수 개발 쪽으로 시야를 돌려 보는 것이 어떤가?

제철 공장에서 일하는 노동자가 그 공장의 사장이 될 확률은 높지 않다고 봐야 한다. 그러나 '부자의 방식'을 실천하면 당신은 제철 공장에 머물 필요가 없다. 몇만 평에 달하는 광대한 농장을 매입해 식품 사업을 시작할 수 있기 때문이다. 요즘은 일정 규모의 경작지에서 작물을 재배하는 사업이 호재다. 그런 사업을 하면 틀림없이 부자가 된다. 지금, 땅을 사는 게 가당찮다고 생각될지 모른다. 하지만 나는 그게 왜 가능한 일인지 증명해 보일 수 있다. 부자의 방식을 실천하면 당신은 틀림없이 농장주가 될 수 있다.*

기회의 조류는 시대 변화에 따라 다른 방향으로 흐른

---

* 이 책의 집필 시기가 1900년도 초반임을 밝힘 - 옮긴이 주

다. 기회의 조류는 특정 시기마다, 그 사회 전체의 필요성과 발전 양상에 따라 다르게 흘러간다. 현재 미국의 경우, 기회의 조류는 농업과 관련된 사업과 직업군 쪽으로 움직이고 있다. 오늘날, 기회는 공장 노동자보다 농부에게 더 호의적이다. 기회의 문은 공장 노동자를 상대하는 사업가보다는 농부를 상대하는 사업가에게, 노동자 계층을 상대하는 전문가보다는 농부를 상대하는 전문가에게 더 많이 열려 있다.

조류를 거스르지 않고 타고 가는 사람은 더 풍족한 기회를 누린다.

공장 노동자라 하더라도 개인적으로나 계층적으로나 기회를 뺏기고 있는 게 아니다. 노동자가 경영자에게 육체적으로 억류된 것도 아니고, 사회적 자본으로부터 배제된 것도 아니다. 사회적으로, 노동자가 노동자 계층에 고착된 이유는 부자의 방식을 실천하지 않기 때문이다.

미국의 근로자 계층도 부자의 방식을 따른다면, 벨기에 같은 나라의 노동자들 선례를 따라 대형 백화점이나 협동조합 사업체를 얼마든지 설립할 수 있다. 같은 노동자 계층의 인력을 기용할 수도 있고 설립한 협동조합 사업체 발전에 유리한 법안 통과에 힘을 발휘할 수도 있다. 그리되면 향후 몇 년 안에 해당 산업 분야의 주도권은 노동자에게로 평화적 이양이 가능해질 것이다.

부자의 방식을 따르기만 하면 노동자 계층도 경영자 계층이 될 수 있다. 이 부의 법칙은 모든 사람에게 공평하게 적용되며 노동자도 예외가 될 수 없다.

고로, 노동자는 반드시 부자 되는 과학을 배워야 한다. 지금껏 일해 온 방식을 고수하는 한, 노동자 계층은 계속 그 자리에 머물 수밖에 없다. 노동자 계층에 만연한 무지와 무기력의 희생양이 되지 않는다면 노동자도 기회의 물결을 타고 얼마든지 부자가 될 수 있다. 이 책이 그 방법을 일러 줄 것이다.

부의 공급량이 부족해 가난을 벗어나지 못하는 것도 아니다. 오히려 그 공급량은 모두에게 가고도 넘칠 정도로 충분하다. 미국이란 한 나라의 건축 자재만 끌어모아도 워싱턴 국회의사당 규모의 궁궐을 이 세상 모든 가족을 위해 지어 줄 수 있다. 또, 집중 경작만 가능하다면 번영의 상징인 솔로몬 시대보다 더 품질 좋은 양모, 면직물, 비단을 생산할 수 있다. 이 세상에는 전 인류가 배부르게 먹을 수 있는 산해진미도 그득하다. 우리 눈에 보이는 자원만 해도 이 정도니 눈에 보이지 않는 자원은 어떻겠는가? 한 마디로, 무한하다.

우리 눈에 보이는 것은 모두, 하나의 '원천 물질(original substance)'에서 유래했다. 우리 우주의 만물은 모두 그 물질로부터 창조되었다. 새로운 물질은 끊임없이 생겨나고 낡은 것은 사라지지만, 그 모든 형태의 근원지는 오로지 하나, '원천 물질'이다.

이 무형(無形)의 원천 물질은 그 공급량이 무한하다. 우주도 이 물질에서 만들어졌지만, 우주 창조에 이 원천 물질이 전부 쓰인 것은 아니다. 무형의 자원, 만물의 원형인 이 물질은 우리 눈에 보이는 세상 만물 겹겹이, 층층이 가득하다. 지금껏 창조된 것의 일만 배 이상으로 무언가가 더 만들어진다 해도 끄떡없다. 그래도 우리를 향한 원천 물질의 공급은 끊어지지 않는다.

결론적으로, 자연의 혜택이 부족해서, 또는 그 혜택을 충분히 공급받지 못해서 가난한 사람은 없다.

자연은 바닥이 드러나지 않는 부의 저장고다. 자연은 공급에 있어, 결코 부족한 법이 없다. 그 자연을 이루는 원천 물질은 창조 에너지로 가득한, 살아있는 존재다. 그래서 부단히 또 다른 형태를 만들어낸다. 건물을 지을 자재가 소진돼도 걱정할 필요 없다. 더 많은 자재가 저절로 생기게 되어 있다. 토양이 황폐해져 식량과 의복을 만들 원료나 재료를 얻기 어려워지면 토양이 재생되거나 더 많은 경작지가 만들어지게 돼 있다.

땅속에서 금과 은을 전부 파냈는데 그때가 인류 진화 단계상 인류에게 금과 은이 필요한 시기라면 무형의 원천 물질에서 금과 은이 다시 생겨날 것이다. 원천 물질은 우리 인간의 요구에 그 즉시 반응하며 우리에게 좋은 것을 주고자 끝없이 일한다.

이런 혜택은 누구 하나 예외 없이 모든 존재에 골고루 주어지는 것이다. 우리 곁에는 늘 풍족한 부가 있었다. 그런데도 가난한 사람이 있다면 그 이유는 단순하다. 그 사람이 부자 되는 특정 방식을 따르지 않았기 때문이다.

무형의 원천 물질은 지력이 있어 생각할 수 있는 존재다. 그리고 '더 큰(more)' 삶을 향해 부단히 움직이는 속성을 지니고 있다. 살아있는 생명체라면 무엇이든 지금보다 '더 큰' 삶을 추구한다. 그게 모든 생명체의 원초적이고 고유한 본능이다. 지성의 본질은 지력을 '키우는' 것이요, 의식의 본질은 의식의 경계를 '넓혀' 더 완벽한 표현 방법을 찾는 것이다.

이 우주의 모든 형태는 살아 있는 원천 물질로부터 만들어졌다. 자신의 존재를 '더 완벽하게' 표현하고자 원천 물질은 스스로, 생각에 모든 형태를 입는다.

우주는 살아 있는 거대한 생명체이기에 본능적으로, '더 큰' 삶, '더 완벽한' 기능을 지향하며 끝없이 움직여 간다.

이렇듯, 이 우주와 자연의 생성 원리는 더 큰 삶, 즉, '성장'을 근간으로 한다. 삶의 '성장'이야말로 우주의 강력한 동기다. 그렇기에 생명 활동을 수행하는 존재라면 그 무엇 하나 예외 없이, 자연으로부터 충분한 자원을 공급받게 되어 있다. 창조주가 자기모순을 범해 창조한 것들을 죄다 무효로 하지 않는 한, 자연의 공급에 부족함이란 있을 수 없다.

거듭 말하지만, 당신은 부의 공급이 부족해서 가난한 게 아니다. 이는 틀림없는 사실이다. 심지어, 원천 물질의 혜택은 부자 되는 특정 방식에 따라 생각하고 행동하는 사람에게 더 풍족하게 돌아간다. 그에 관한 내용은 나중에 자세히 기술하려 한다.

4장

부자가 되는 과학의 최우선 원칙

무형의 원천 물질에서

실제적인 부를 만들어내는 힘은

바로, '생각'이다.

만물의 근원인 무형의 원료는

생각할 수 있는 물질이다.

이 물질의 형상이 생각하면

그에 따라 형태가 만들어진다.

무형의 원천 물질에서 실제적인 부를 만들어내는 힘은 바로, '생각'이다. 만물의 근원인 무형의 원료는 생각할 수 있는 물질이다. 이 물질의 형상이 생각하면 그에 따라 형태가 만들어진다.

원천 물질은 스스로 생각하고 또 그대로 움직인다. 우리가 이 세상에서 보는 모든 형태와 과정은 무형의 원천 물질이 하는 생각의 가시적 표현이다. 원천 물질은 무형이지만 그게 어떤 형태를 생각하면 그대로 형태가 만들어진다. 또, 어떤 움직임을 생각하면 그 움직임이 실행된다. 이것이 만물이 창조된 원리다. 우리가 사는 세상은 '생각하는 세상'이요, 그 세상은 또, '생각하는 우주'의 일부다.

움직이는 우주에서 비롯된 어떤 생각이 원천 물질 구석구석으로 퍼져 나가면 원천 물질이 그 생각에 따라 움직인다. 그 움직임이 태양계란 형태를 취해 그 형태를 유지한다. 원천 물질이 생각의 형태를 취하면 그 생각에 따라 모든 게 움직인다. 행성이 태양을 공전한다는 생각을 품으면 그 생각이 형태를 입어 생각한 대로 행성이 움직인다.

원천 물질이 천천히 자라는 떡갈나무를 생각하면 나무는 몇천 년이 걸려도 그 식대로 자라난다. 원천 물질은 무언가를 창조할 때, 나름대로 일련의 동선을 거친다고 볼 수 있다. 떡갈나무를 생각한다고 해서 하루아침에 다 자란 나무가 불쑥 솟는 게 아니라 나름의 동선에 맞춰 나무를 창조하는 힘을 가동한다.

이렇게, 원천 물질의 생각에서 비롯된 모든 형태는 정

해진 성장 방식과 행동 양식을 따른다. 반드시 그렇지 않을 수는 있으나 적어도 일반적으로는 그렇다.

특정 구조를 지닌 집을 놓고 생각해보자. 그 생각이 무형의 원천 물질에 각인되어도 집이 바로 형태를 드러내지 못할 수 있다. 그러나 이 세상 건축 현장에서 이미 작동하고 있는 경로가 있다면 그걸 타고 창조 에너지가 흘러 집이 빨리 지어질 수도 있다. 이때, 그런 기존의 경로가 없다면 원천 물질에서 바로 집이 만들어지기도 한다. 이런 경우는 유기물, 무기물이 복잡하게 개입하는 더딘 과정을 기다릴 필요가 없다.

형태를 창조할 에너지를 품지 못한 생각은 결코 원천 물질에 각인될 수 없다.

우리 인간은 생각하는 주체이며 어떤 생각을 창안할 수 있다. 인간이 손으로 형태를 입힌 것들은 모두 생각으로 먼저 존재했다. 다시 말해, 인간은 무언가를 먼저 생각해야 그것을 형태로 창조할 수 있다.

그런데 지금껏 인간은 이런 노력을 손으로 하는 일에

만 제한해 왔다. 손을 써서 세상 모든 형태를 만들었고, 기존에 존재하는 것들을 바꾸거나 개조해 왔다. 여태껏, 인간은 무형의 원천 물질에 생각을 각인해 새로운 형태를 창조할 생각을 해 본 적이 없다.

인간은 무언가의 형태를 생각할 때, 자연의 형태에서 재료를 취해 머릿속에 그 이미지를 만든다. 그런데 인간은 지금껏, 무형의 원천 물질과 협력하거나 창조주에게 도움을 구하는 노력을 거의, 아니 전혀 하지 않았다. 인간은 "신이 행한 모습을 보고 따라 하라."는 성경 말씀을 실행할 생각을 꿈에도 한 적이 없다. 인간은 손을 써서 기존의 형상을 바꾸고 개조했을 뿐, 원천 물질과 소통하면서 생각한 바를 창조하는 일에는 관심을 두지 않았다. 인간이라면 누구나 그 일을 할 수 있다는 사실을, 더불어 그 방법을 이 책이 보여 주려 한다. 그 첫 단계로, 세 가지 중요한 원칙을 제안하는 바다.

첫째, 이 세상에는 원천 물질이 있고 세상 만물은 모두 거기서 만들어진다. 우리 눈에 보이는 형태는 모두 다르지만, 세상 만물은 한 가지 요소가 다르게 표현된 결과물에 지나지 않는다. 생물계와 무생물계에 존재하는 다양한 생명체는 그 형태가 모두 달라 보이지만 같은 물질에서 만들어졌다.

둘째, 원천 물질은 생각하는 물질이며 그 물질이 하는 생각은 모두 형태를 입는다. 생각하는 물질 속의 생각이 형태로 구현되는 것이다.

셋째, 인간은 생각하는 존재이다. 생각하는 원천 물질에 인간이 생각을 전달하면 그 머릿속 생각이 형태를 입어 '창조'가 일어난다.

이를 요약하면 다음과 같다.

하나, 이 세상에는 원천 물질이 있고 세상 만물은 모두 거기서 만들어진다. 원천 물질은 이 우주 곳곳에 스며 있고, 배어 있고, 그 겹겹이, 층층이 쌓여 있다.

둘, 이 원천 물질이 생각하면 그 생각이 형태를 입어 하나의 물질이 창조된다.

셋, 인간은 생각에 형태를 입힐 수 있고 그걸 무형의 원천 물질에 각인시킴으로써 그 형태를 실제로 창조해 낼 수 있다.

위의 진술을 증명해 보일 수 있느냐고 묻고 싶을지 모르겠다. 복잡한 설명을 동원할 필요 없이, 나는 논리적, 경험적 근거로 '그렇다'고 확언할 수 있다. 생각과 형태라는 개념을 역으로 추론해 가다 보면 그 끝에서 하나의 원천적인 생각 물질과 만나게 된다. 또, 원천 물질에서부터 추론을 짚어가면 그 끝에는 생각하는 것을 형태로 창조할 수 있는 인간의 능력이 있다. 나는 구체적인 실험과 검증을 통해, 이런 추론이 진실임을 알고 있다. 이보다 더 강력한 증거는 없다.

만일, 이 책을 읽고 이 책에서 말한 대로 실천해 어떤 사람이 부자가 된다면 위의 진술을 뒷받침해 줄 것이다. 이 책에서 말한 대로 따른 모든 사람이 부자가 된다면 그건 대단히 강력한 증거가 될 것이다. 누군가 같은 과정을 밟아 실패한다면 또 모르지만 말이다. 과정이 실패하지 않는 한, 그 이론은 진리이다. 이 책에서 말하는 과정은 절대로 실패하지 않는다. 이 책에서 말한 대로 정확히 실천하는 사람은 누구나 부자가 된다.

이 책은 부자가 되는 특정 방식, 즉 '부자의 방식'을 따르면 부자가 될 수 있다고 말하고 있다. 부자가 되려면 생각도 부자의 방식으로 할 수 있어야 한다. 어떤 대상에 대한 사람의 행동 방식은 생각하는 방식의 직접적인 결과물이다. 사람은 생각한 대로 행동한다. 당신이 원하는 대로 행동을 끌어내려면 우선, 당신이 원하는 대로 생각하는 능력을 길러야 한다. 이것이 부자가 되는 첫걸음이다.

원하는 대로 생각한다는 것은 외양에 구애받지 않고 '진실'을 생각할 줄 아는 능력이다. 인간은 원하는 대로 생각할 수 있는 능력을 타고났다. 그러나 원하는 대로 생각하는 일은 어떤 대상의 외양이 보여주는 대로 생각하는 것보다 훨씬 더 힘들다. 보이는 대로 생각하기는 쉽다. 그러나 보이는 것과 무관하게 진실을 생각하기란 어렵다. 외양과 무관하게 진실을 생각하는 데는 다른 어떤 노동보다 많은 에너지가 들어간다.

사람들은 대부분, 계속해서 반복적으로 생각해야 하는 일을 힘겨워한다. 세상에 이보다 더 고역스러운 일도 없다고 여긴다. 보이는 것과 진실이 상반될 때는 더욱 그렇다. 이 세상은 가시적 세계이며 눈에 보이는 모든 외양은 인간의 머릿속에 왜곡된 이미지를 만들어낸다. 이런 왜곡된 상(象)을 막으려면 오로지 진실만을 생각해야 한다.

　어떤 질병의 외양을 보면 우리 머릿속에는, 심지어는 신체상에도 그 질병의 형태가 만들어진다. 그런 질병은 존재하지 않고 그저 외양일 뿐이며 자신이 실제로는 건강하다는 진실을 생각하지 않는 한 그렇다. 가난의 외양을 보면 우리 머릿속에는, 심지어는 신체상으로도 가난의 형태가 만들어진다. 사실, 가난이란 없고 세상은 풍족하다는 진실을 생각하지 않는 한 그렇다.

　질병의 외양에 둘러싸인 상황에서 건강을 생각하려면, 또 가난의 외양 한가운데서 부유함을 생각하려면 남다른 노력이 필요하다. 그러나 그 힘을 확보하기만 하면 누구라도 마음의 주인이 될 수 있다. 마음의 주인이 되면 불운과 운명을 정복할 수 있다. 그래서 원하는 것을 얻을 수 있다!

이런 힘을 갖추려면 세상 모든 외양 뒤에 존재하는 진리 하나를 이해해야 한다. 이 세상에는 만물을 창조한 하나의 물질, 생각하는 원천 물질이 존재한다는 진리이다. 그다음, 또 다른 진리를 인정하면 된다. 이 원천 물질에 닿은 생각은 형태를 입는다는 진리, 원천 물질에 생각을 각인시키면 그 생각이 형태를 더해 실제로 우리 눈에 보이는 물질이 창조된다는 진리 말이다.

이 진리를 깨닫는다면 모든 의심과 두려움의 안개를 걷을 수 있다. 그리하면 당신은 원하는 것을 창조할 수 있고, 원하는 것을 소유할 수 있으며 나아가 원하는 존재가 될 수 있다. 부자가 되는 첫 단계로, 당신은 이 장에 제시된 세 가지 원칙을 믿어야 한다. 그 중요성을 강조하기 위해 다시 한번 제안한다.

하나, 이 세상에는 원천 물질이 있고 세상 만물은 모두 거기서 만들어진다. 원천 물질은 이 우주 곳곳에 스며 있고, 배어 있고, 그 겹겹이, 층층이 쌓여 있다.

둘, 이 원천 물질이 생각하면 그 생각이 형태를 입어 하나의 물질이 창조된다.

셋, 인간은 생각에 형태를 입힐 수 있고 그걸 무형의 원천 물질에 각인시킴으로써 그 형태를 실제로 창조해 낼 수 있다.

우주에 관한 다른 개념은 전부 잊고 당신은 오로지 이 절대적이고 근본적인 개념만 숙지하면 된다. 당신 마음 마음속에 이 원칙들이 깊게 각인되어 일상에서 습관적으로 떠오를 수 있도록 끊임없이 되새기길 바란다. 앞에서 제시한 원칙들을 반복해서 읽으라. 단어 하나하나 마음에 새기고 그에 대해 굳건한 믿음이 생길 때까지 생각하고 또 생각하라. 혹여 의심이 올라올 양이면 그 의심을 죄악시하고 떨쳐 버리라. 반대하는 내용을 설파하려는 그어떤 장소에도 가지 말라. 반대하는 내용을 담은 잡지나 책도 읽지 말라. 믿음에 혼란이 생기면 그간의 모든 노력이 허사가 될 수 있다.

이 모든 것이 왜 진리인지 묻지도 말고, 어떻게 진리가 될 수 있는지 고민하지도 말라. 당신이 이 모든 내용을 오롯이 진실로 받아들일 수 있길 바란다.

부자 되는 과학은 이 모든 것에 대한 당신의 확고한 믿음. 바로, 거기서부터 시작되기 때문이다.

5장

모든 생명체는 성장해야 한다

더 많이 알고, 더 많이 행하고,

더 나은 존재가 되려면

필수적으로,

더 많이 소유해야 한다.

무언가를 배우고, 무언가를 행하고,

무언가가 되는 일은

무언가를 이용하지 않으면

안 되기 때문이다.

그렇기에,

삶을 '더 크게' 키워가려면

당신은 부자가 되어야 한다.

당신이 이 순간부터 버려야 할 생각이 있다. 당신이 가난한 이유는 어쩔 수 없는 운명 때문이라는 생각, 또 어떤 거부할 수 없는 힘이 당신을 가난에 옭아매고 있다는 고루한 생각 말이다.

생각하는 원천 물질은 만물 그 자체로 만물 안에 존재한다. 만물 안에 존재하는 원천 물질은 만물을 이루는 당신 안에도 당연히 존재한다. 원천 물질은 의식이 살아 있는 존재다. 의식이 살아 있는 근원으로서 원천 물질은 모든 지적 생명체가 지금보다 '더 큰' 존재가 되길 원한다.

원천적으로, 세상 모든 생명체는 지금보다 '더 큰' 생을 모색하게 되어 있다. 생을 '살아간다'는 의미 자체가 그 삶을 '더 크게' 만들어간다는 뜻이기 때문이다.

땅에 떨어져 싹을 틔운 씨앗은 생명 활동을 시작해 장차 '더 많은' 씨앗을 만들어낸다. 이런 식으로, 생을 살아가는 과정에서 어떤 생명체든 스스로 기존의 몇 곱절씩 성장한다. 끝없이 '더 큰' 존재가 되어간다. 그리고 더해진다. 생명체는 계속 삶을 살아가려면 응당 그래야만 한다. 그게 생의 법칙이다.

인간의 '지성'도 마찬가지다. 살면서 부단히 커 나가려하는 성질이 있다. 그래서 우리가 하는 모든 생각은 필연적으로 다른 생각을 부른다. 생각과 의식이 계속 확장돼 나가는 것이다. 새로운 사실을 배우면 그걸 계기 삼아 또다른 사실을 배우게 된다. 이렇게 지식도 계속 커 나간다. 어떤 재능을 터득하면 또 다른 재능을 키우고 싶다는 욕망이 생긴다. 우리 인간은 생을 향한 강한 의지를 품은 존재다. 아울러 그 삶을 표현하고자 하는 열망을 지닌 존재다. 그래서 더 많이 알고, 더 많이 행하고, 더 나은 존재가 되고 싶어 한다.

더 많이 알고, 더 많이 행하고, 더 나은 존재가 되려면 필수적으로, 더 많이 소유해야 한다. 무언가를 배우고, 무언가를 행하고, 무언가가 되는 일은 무언가를 이용하지 않으면 안 되기 때문이다. 그렇기에, 삶을 '더 크게' 키워 가기 위해서라도 당신은 꼭 부자가 되어야 한다.

부자가 되려는 욕망은 지금보다 더 큰 삶, 더 충만한 삶을 추구하는 의지에 닿아 있다. 인간의 욕망은 잠재된 가능성을 외부로 표현하려는 노력인 동시에 그 원천의 삶을 끌고 가는 힘이다.

이용할 수 있는 물자를 '더 많이' 소유하고 싶어 하는 당신의 욕망은 식물을 자라게 만드는 동력과 그 뿌리가 같다. 바로, 생명력이다. 지금보다 더 충만한 자신을 표현하고자 하는 생명력 말이다.

살아있는 원천 물질 또한 모든 생명체와 같은 생명 법칙에 따라 움직인다. 원천 물질도 '더 큰' 존재가 되고자 하는 욕망으로 가득 차 있다. 그렇기에 더더욱 무언가를 창조하려는 열망으로 가득한 것이다.

원천 물질은 당신이 지금보다 더 큰 삶을 살기 원한다. 그래서 당신이 이용할 만한 모든 것을 소유할 수 있길 원한다. 당신이 부자가 되기를 바라는 마음은 신의 바람이기도 하다. 신도 당신이 부자가 되기를 원한다. 당신을 통해 신이 더 잘 표현되고 드러날 수 있기 때문이다. 신을 드러내기 위한 수단을 당신이 많이 소유할수록 신은 당신 안에서 더 크고, 더 충만히 거할 수 있다.

이 우주는 당신이 원하는 모든 것을 당신이 소유하길 원한다.

자연은 당신의 계획에 다분히 우호적이다.

세상 만물은 당신을 위해 마련되었다.

이 모든 게 진실임을 믿기로 작심하라.

그런데 지금보다 더 큰 삶을 이루고자 하는 당신의 목적은 만물 안에 거하는 원천 물질의 목적과 조화를 이루어야 한다. 단지 감각적 만족을 추구하는 쾌락만이 아닌 참된 삶을 추구해야 한다. 삶은 우리가 지닌 모든 기능을 수행한 결과물이다. 육체적·정신적·영적 수준에서 가능한 모든 기능을 수행하되, 어느 하나라도 지나침이 없어야 당신은 진정 참된 삶을 살 수 있다.

당신은 동물적 욕구를 충족시키기 위해 부자가 되려 해서는 안 된다. 그건 참된 삶이 아니다. 물론, 육체적으로 가능한 기능을 충실히 수행하는 것도 우리 삶을 이루는 한 부분이다. 정상적이고 건강한 육체적 충동을 거부하는 삶 역시, 온전한 삶이라고 볼 수 없다.

오로지 정신적 쾌락만을 위해 부자가 되려 해서도 안 된다. 지식을 얻고, 야망을 이루고 남보다 잘나고, 유명해지려는 이유만으로 부자가 되려 해서도 안 된다. 물론, 지적 유희도 엄연히 우리 삶에서 빼놓을 수 없는 중요한 부분이다. 그러나 지적 쾌락만 추구하는 사람 역시 부분적인 삶을 사는 격이다. 이래서는 삶에서 결코 온전한 만족을 얻을 수 없다.

오로지 타인을 위해 살고, 인류를 구하려 자신을 희생

하고, 박애주의를 실천하는 기쁨을 경험하고자 부자가 되려 해서도 안 된다. 영혼의 기쁨 역시 우리 삶을 구성하는 한 부분일 뿐이다. 우리 삶의 다른 동인들보다 무조건 더 우월하고 고매하다 할 수 없다.

당신이 부자가 되려는 이유는 먹고, 마시고 싶을 때, 또 행복해지고 싶을 때, 때맞춰 그걸 할 수 있기 위해서다. 당신 주변을 아름다운 것들로 채우고 멋진 풍광을 바라보며 마음을 살찌우고 지성을 계발하기 위해서다. 사람을 사랑하고 친절을 베풀며 이 세상 다른 사람들이 진실을 발견할 수 있도록 돕기 위해서다.

부디, 명심하라. 극단적 이타주의는 극단적 이기주의보다 더 훌륭하지도 고귀하지도 않다. 양쪽 다 바람직하지 않다. 당신이 남을 위해 희생해 주길 신이 바란다는 생각을 버려라. 그런다고 해서 신이 당신을 어여삐 보는 게 아니다. 신이 당신에게서 원하는 바는 그런 게 아니다.

신이 당신에게 원하는 바는 당신이 당신에게 주어진 삶의 '최대치'를 달성하는 것이다. 자신을 위해, 또 타인을 위해서 말이다. 당신은 최대치의 삶을 살 수 있어야 다른 사람도 도울 수 있다. 삶의 최대치를 사는 유일한 방법이 바로, 부자가 되는 것이다. 그렇기에, 부자가 되기 위해 전력을 다해 생각하고 행동하는 것은 옳고도 칭송받을 일이다.

그러나 잊지 말 것이 있다. 원천 물질의 욕망은 이 우주 전체를 품는다는 사실이다. 그래서 원천 물질이 '더 큰' 쪽으로 움직이는 방향 역시 전체를 향한다. 원천 물질은 어떤 존재에게든 그 삶을 '더 작게' 만드는 일은 하지 않는다. 만물 안에 공평하게 존재하는 원천 물질은 만물이 고루 풍요롭고 충만한 삶을 살게 하고 싶어 한다.

원천 물질은 당신에게 무언가를 '더해 주려' 애쓴다. 하지만 그렇다고 다른 사람에게서 무언가를 빼앗아서 당신에게 주지는 않는다. 그러니 '경쟁'에 대해서는 생각하지 말라. 당신이 할 일은 '창조'이지 기존에 창조된 걸 놓고 남과 '경쟁'하는 것이 아니다.

누구에게서 무언가를 빼앗을 필요 없다.

어떻게든 이득을 보려 무리하게 흥정할 필요도 없다.

남을 속이거나 남을 이용할 필요도 없다.

적은 임금으로 사람을 쓰면서 착취할 필요도 없다.

남의 재산을 탐하거나 남의 소유물을 부러워할 필요도 없다.

다른 사람이 가진 것과 비슷한 걸 당신도 가질 수 있으니 굳이 남이 가진 것을 빼앗을 필요 없다.

당신은 경쟁자가 아니라 창조자가 되어야 한다. 당신은 원하는 것을 얻게 된다. 그러나 당신이 원하는 걸 얻는 과정은 다른 사람 역시 지금보다 더 많은 걸 얻는 방식이 되어야 한다.

나는 이와 반대되는 방법으로 막대한 부를 이룬 사람들이 있다는 걸 알고 있다. 그래서 이와 관련해 몇 마디 덧붙이려 한다. 이 '재벌' 유형은 경쟁에서 남다른 능력을 발휘해 큰 부를 이루기도 한다. 때로, 이들은 산업 발전을 통한 '인류 성장'이라는 고무적인 목적의식과 그에 적합한 행동을 무의식적으로 원천 물질에 연결하는 데 성공하기도 한다. 록펠러, 카네기, J. P. 모건 등은 생산성 높은 산업을 체계화하고 조직화하기 위해 원천 물질이 할 일을 무의식적으로 대행한 사람들이다. 결과적으로 보았을 때, 그들이 한 일은 어쨌든 인류 전체의 삶을 '더 크게' 만드는 데 지대한 공헌을 했다. 하지만 이제 그들의 시대는 저물고 있다. 이들은 생산 체계를 조직화하는 위업을 달성하긴 했으나 곧 다른 대행인들에게 자리를 내주게 될 것이다. 다름 아닌, 기계 공정을 조직화할 사람들이 그들이다.

이 억만장자들은 선사시대의 공룡과 비슷하다. 역사의 진화 과정에서 나름 필요한 역할을 담당했지만, 그들을 만들어낸 같은 힘에 의해 스러질 것이다. 이때, 당신이 주지할 점이 있다. 사실은 이들이 진정으로 부유한 적이 없었다는 것이다. 이들 대부분의 개인 삶을 들여다보면 몹시 비참하고 내부적으로는 오히려 빈한했음을 알 수 있다.

경쟁을 통해 이룩한 부는 결코 만족스럽지도, 영원하지도 않다. 그런 부는 오늘은 당신 것이나 내일은 다른 이의 것이다. 과학적인 방식으로, 즉 부자 되는 방식으로 부자가 되려면 경쟁에 관한 생각을 완전히 접어야 한다. 부의 공급량이 부족하다는 생각일랑 한순간도 해서는 안 된다. 은행이나 금융기관이 세상 모든 돈을 독식하고 있다고 생각하는 순간, 또 그런 돈의 흐름을 방해할 법안을 만들려 전전긍긍하는 순간, 당신은 경쟁의식이란 늪에 빠지고 만다. 그러면 당신의 창조 능력은 일정 기간 휴지기에 들어간다. 당신 안에서 활동을 시작한 창조적 움직임을 당신 스스로 훼방 놓는 셈이다.

이 지구상에는 아직 빛을 보지 못한, 천문학적 가치의 금이 묻혀 있다는 사실을 잊지 말라. 혹여 금이 충분치 않다고 해도 괜찮다. 원천 물질이 당신이 필요로 하는 만큼 금을 더 많이 만들어 줄 것이다. 내일, 새 금광을 찾아내려면 당장 천 명의 광부가 필요하다손 치더라도 어찌 됐건 당신에게 필요한 돈이 들어올 것이다.

부디, 눈에 보이는 공급량에만 신경 쓰지 마라. 언제나 당신의 눈은 원천 물질에 깃든 무한한 부를 향하고 있어야 한다. 그 부는 당신을 향해 전속력으로 달려오고 있다. 당신에게 그걸 맞이하고 사용할 의지만 있다면 말이다. 이 세상 그 누구도, 부의 공급을 독점함으로써 당신에게 오는 부를 막지 못한다.

아직 집 지을 준비가 안 됐으면서 명당자리를 뺏길까 두려워 서둘러야 한다는 생각일랑 한순간도 하지 말라. 대기업이나 재벌이 밀고 들어와 세상 부를 다 차지할 거라 불안해하거나 두려워하지 마라. 다른 사람이 앞질러 당신이 원하는 걸 채 갈 거라 두려워하지 말라. 그런 일은 결단코 일어나지 않는다.

현재, 다른 사람이 이미 소유하고 있는 것을 굳이 탐할 필요 없다. 당신은 원하는 걸 스스로 창조해 나갈 창조의 주체다. 공급에 있어 무한히 자비로운 원천 물질과 협력해서 말이다.

그를 위해, 다음의 원칙을 늘 기억하라.

하나, 이 세상에는 원천 물질이 있고 세상 만물은 모두 거기서 만들어진다. 원천 물질은 이 우주 곳곳에 스며 있고, 배어 있고, 그 겹겹이, 층층이 쌓여 있다.

둘, 이 원천 물질이 생각하면 그 생각이 형태를 입어 하나의 물질이 창조된다.

셋, 인간은 생각에 형태를 입힐 수 있고 그걸 무형의 원천 물질에 각인시킴으로써 그 형태를 실제로 창조해 낼 수 있다.

부(富)가 당신을 찾아오게 하는 법

당신이 파는 물건이

당신이 받는 가치보다

상대에게 더 큰 이득을 주지 못한다면

그 거래는 하지 않는 게 좋다.

사업은 전투장이 아니다.

거기서 당신은 누군가를

무찔러 이길 필요가 없다.

혹시라도 지금,

다른 사람을 무찔러 이겨야 하는

사업을 하고 있다면

당장 손 떼는 게 좋다.

앞서 '무리하게' 흥정할 필요가 없다고 했으나 그렇다고 흥정이나 거래를 전혀 할 필요가 없다는 뜻은 아니다. 다만, 상대방과 필요 이상으로 거래할 필요까지는 없다는 의미다. 불공정한 거래는 하지 않는 게 좋다. 무언가를 거저 얻는 것은 고무적이지 않다. 그러나 당신이 받을 것보다 상대에게 더 많이 주는 것은 괜찮다.

당신은 만나는 사람마다 당신이 취한 가치보다 더 높게 시세를 쳐 줄 수는 없다. 하지만 당신이 취한 현금 가치(cash value)보다 더 큰 '사용 가치(use value)'를 상대에게 주는 것은 가능하다.

이 책을 예로 들어 보자. 이 책에 사용된 종이, 잉크, 이런저런 재료의 원 가치는 당신이 이 책을 살 때 들인 현금 가치보다 낮을 수 있다. 하지만 이 책에 쓰인 내용 덕분에 큰돈을 번다면 당신은 이 책의 판매자에게 결코 손해 보지 않았다. 당신이 적은 현금 가치로 큰 이용 가치를 얻었기 때문이다.

내가 문명사회 어디서든 현금 가치가 엄청난 어느 유명 화가의 그림 한 점을 소유하고 있다고 가정해보자. 내가 그 그림을 북극에 들고 가서 탁월한 영업 수완을 발휘해 에스키모에게서 500달러 가치의 털가죽을 받고 그림을 팔았다고 치자. 그렇다면 그 에스키모는 내게 사기당한 셈이다. 에스키모에게 그 그림은 아무짝에도 쓸모없는 물건이라 사용 가치가 전혀 없다. 에스키모의 삶에 그 그림은 하나 득 될 게 없기 때문이다.

그런데 이번에는 털가죽을 받은 대가로 내가 에스키모에게 50달러 상당의 총을 주었다고 가정해보자. 이 경우

6장 | 부(富)가 당신을 찾아오게 하는 법

는 에스키모에게 득이 되는 좋은 거래라 할 수 있다. 총은 에스키모에게 사용 가치가 있는 물건이다. 그 총을 사용해서 더 많은 털가죽과 식량을 구할 수 있기 때문이다. 결과적으로, 이 거래는 에스키모의 삶 면면이 보탬이 되어 부를 가져다줄 수 있다.

경쟁 마인드를 창조 마인드로 갈아 끼우기 위해서는 당신이 수행하는 모든 사업적 거래를 신중히 살펴볼 필요가 있다. 당신이 파는 물건이 당신이 받는 가치보다 상대에게 더 큰 이득을 주지 못한다면 그 거래는 하지 않는 게 좋다. 사업은 전투장이 아니다. 거기서 당신은 누군가를 무찔러 이길 필요가 없다. 혹시라도 지금, 다른 사람을 무찔러 이겨야 하는 사업을 하고 있다면 당장 손 떼는 게 좋다.

언제나 당신이 받는 현금 가치보다 더 큰 이용 가치를 상대에게 돌려주어라. 그러면 당신이 하는 모든 거래는 이 세상의 어떤 삶을 지금보다 '더 크게' 만들 수 있다. 혹시, 직원을 둔 입장이라면, 당신은 자신의 주머니에서 나가는 일당보다 더 큰 금전 가치를 직원에게서 얻어내고 싶을 것이다. 그러나 그보다는 직원이 날로 성장할 수 있는 희망을 품을 수 있도록 회사를 성장 에너지로 충만한 분위기로 만드는 편이 훨씬 더 유리하다.

이 책이 당신에게 해 주는 일을 당신의 회사도 직원들에게도 해 줄 수 있게 하라. 당신의 회사가 직원들에게 성장의 사다리가 될 수 있도록 이끌라. 모든 직원이 기꺼이 그 사다리를 오르려 하고, 그래서 부자가 될 수 있게 도우라. 만일, 기회를 주었는데도 직원이 사다리를 오르려 하지 않는다면 그건 당신 잘못이 아니다.

그리고 이 점을 명심하라. 당신 주위를 둘러싸고 있는 무형의 원천 물질로부터 부를 창조할 수 있다고 해서 부가 한순간에 형태를 취해 눈앞에 나타나지는 않는다. 재봉틀을 갖고 싶다는 생각을 원천 물질에 각인했다고 해서 재봉틀이 바로 형태를 입고 한순간에 당신 방에 솟아나지는 않는다. 재봉틀을 원한다면 먼저, 머릿속에 재봉틀의 이미지를 시각적으로 떠올려야 한다. 그런 다음, 재봉틀이 만들어지고 있으며 당신에게로 오는 있다고 마음으로 믿어야 한다.

생각에 형태를 입혔다면 재봉틀이 당신을 향해 오고 있다고 굳게 믿어야 한다. 재봉틀이 오고 있다는 생각 외에는 아무것도 생각하지 말고 말하지도 말라. 그 재봉틀이 이미 당신 소유라고 생각하라.

인간의 마음에 닿을 줄 아는 원천 물질의 힘이 당신에게 재봉틀을 가져다줄 것이다. 당신이 메인주에 살고 있다면, 텍사스주에서, 심지어는 일본에서 사람이 거래를 제안하며 당신을 찾아올 것이다. 바로, 당신이 원하는 물건을 소유할 수 있게 도와줄 거래이다. 장담컨대, 그 거래는 전체적으로 볼 때 당신에게도, 상대에게도 득이 되는 방향으로 성사될 것이다.

생각하는 원천 물질은 세상 만물 어디에나 깃들어 있다는 사실을 한순간도 잊지 말라. 그래서 세상 만물과 소통하고 세상 만물에 영향을 준다는 사실을 잊지 말라. 더 충만한 삶, 더 나은 삶을 원하는 원천 물질의 욕망이 있었기에 이 세상 모든 재봉틀이 창조된 것이다. 원천 물질은 이런 방식으로, 앞으로도 수없이 많은 재봉틀을 만들어낼 것이다. 우리 인간이 원하고, 믿고, 부자의 방식으로 행동하기만 한다면 말이다.

당신은 집 안에 반드시 재봉틀을 들이게 된다. 다른 물건들도 마찬가지다. 당신은 원하는 어떤 물건도 이런 식으로 가질 수 있다. 당신은 자기 자신의 삶, 또 다른 사람의 삶을 성장시키는 데 이용할 물자를 갖게 될 것이다.

더 큰 것을 바라는 걸 주저할 필요 없다. 성경에도 "너희 아버지께서 그 왕국을 너희에게 주시기를 기뻐하시느니라."라고 되어 있다.

원천 물질은 당신 안에 가능한 모든 것을 실현해 주고 싶어 한다. 그래서 당신이 풍족한 삶을 최대로 누리는데 필요한 만물을 마음껏 이용할 수 있기를 바란다. 부자가 되려는 당신의 소망과 자신을 조금이라도 더 완전히 드러내고자 하는 절대 존재의 소망이 다르지 않음을 명심한다면 당신의 믿음은 굳건해질 수 있을 것이다.

언젠가 한 아이가 피아노를 치다가 연주가 마음먹은 대로 되지 않아 좌절하는 모습을 본 적 있다. 아이는 멋진 연주를 하지 못하는 자신의 무능함에 상심이 커 보였다. 내가 아이에게 속상해하는 이유를 묻자 소년이 이렇게 대답했다.

"내 안에서 음악이 느껴지는데 손가락이 뜻대로 움직이지 않아요."

이 아이 안에 있던 음악이 바로, 이 우주 만물의 모든 가능성을 품고 있는 원천 물질의 욕망이다. 그 아이를 통해 '음악'이란 형태로 자신을 드러낼 방법을 찾고 있는 욕망 말이다!

우주 유일 존재인 신의 욕망도 그러하다. 신은 우리 인간을 통해서 살고, 행하고, 향유하고자 한다. 신이 말하길, "나는 경이로운 건축물을 짓고, 거룩한 음악을 연주하고, 영광스러운 그림을 그릴 손을 원하노라. 대신 움직여줄 다리와 아름다움을 볼 눈과, 거룩한 진리를 말하고 놀라운 노래를 부를 입을 원하노라."라고 하였다.

가능성을 품은 세상 모든 존재가 인간을 통해 자신을 드러낼 길을 찾는다. 그래서 신은 음악 연주를 할 수 있는 사람이 악기를 소유할 수 있기를 바란다. 그 사람이 가진 재능을 최대치로 펼칠 수 있는 수단을 얻기를 바란다.

신은 아름다움을 알아보는 사람이 아름다운 것에 둘러 싸여 있기를 바란다. 진실을 볼 줄 아는 눈을 가진 사람에 게는 여행하고 관찰할 기회가 생기길 바란다. 패션 감각 이 있는 사람이라면 멋진 옷을 입을 수 있기를 바란다. 좋 은 음식의 진가를 아는 사람은 좋은 음식을 마음껏 먹을 수 있기를 바란다. 신이 이렇게 바라는 이유는 그 스스로 그것들을 즐기고 감상하기 때문이다. 신 스스로 음악 연 주를 하고, 노래를 부르고, 아름다움을 즐기고, 진리를 찬 양하고, 멋진 옷을 입고, 좋은 음식을 먹고 싶어 하기 때 문이다.

사도바울은 이리 말했다.

"너희 안에서 행하시는 이는 하느님이시니 너희로 소 원을 두고 행하게 하시나니."

부를 추구하는 당신의 욕망은 무한하기 마련이다. 피아노 치는 아이를 통해 자신을 드러낼 길을 찾듯, 신이 당신을 통해 끊임없이 자신을 드러낼 길을 찾기 때문이다.

그러니 당신은 '더 큰' 것을 구하면서 주저할 필요가 없다.

당신이 할 일은 신의 욕망에 집중하고 그것을 드러내는 일이다.

그러나 사람들 대부분이 이 점을 어렵게 여긴다. 가난과 희생이 신을 더 기쁘게 할 것이라는 고루한 생각 때문이다. 사람들은 가난을 신이 설계한 거룩한 계획의 한 부분이며 그런 만큼 이 세상에 가난도 꼭 필요하다고 생각한다.

또, 신이 할 일을 다 끝냈고 창조할 게 이미 다 만들어졌으므로 모두에게 돌아갈 양이 충분치 않아 가난한 사람이 있다고 생각한다. 이런 잘못된 생각으로 부자가 되게 해 달라고 청하길 부끄러워한다. 적당히 편한 정도면 충분하다고 여기고 재물도 능력도 적정 수준 이상으로는 원치 않는다.

일전에 내 강의를 듣던 한 수강생이 생각난다. 나는 그에게 원하는 게 있으면 원천 물질에 그 생각이 각인될 수 있게 머릿속에 명확한 그림으로 그리라고 했다. 그는 몹시 가난했고 셋집에 살면서 하루 벌어 하루 사는 형편이었다. 그렇다 보니, 그는 자신도 얼마든지 부의 주체가 될 수 있다는 사실을 이해하지 못했다. 그래서 고심 끝에, 그는 안방에 깔 새 카펫과 추운 날씨에 집 안을 덥혀줄 석탄 난로면 '적당하다고' 생각했다. 그런데 이 책의 지침을 따른 지 몇 달 만에 그는 원했던 걸 모두 손에 넣었다. 그는 그제야 자신이 충분히 원하지 않았음을 깨달았다. 그래서 이번에는 집 안을 두루 살피며 개선 여지가 있는 부분을 생각하기 시작했다. 어디다 큰 창문을 달지, 어디에 방 하나를 더 넣을지 머릿속으로 구체적인 그림을 그렸다. 자신이 생각하는 이상적인 집의 모양을 완벽하게 그림으로 그린 뒤 어울리는 가구도 배치했다.

그는 머릿속에 명확한 그림을 품고, 부자의 방식을 실

천하며 살기 시작했다. 원하는 것을 향해 움직이기 시작한 것이다. 지금 그는 세 들어 살던 집을 매입해 머릿속에 그렸던 그림과 똑같은 집을 재건축하고 있다. 그는 이제 전보다 더 큰 믿음으로 더 큰 꿈을 그리고 있다. 그가 믿는 대로 전부 이루어졌다.

믿으라. 이런 일이 당신에게도, 우리 모두에게도 얼마든지 일어날 수 있다.

7장

최대한 감사하라

당신에게 찾아온

좋은 것, 좋은 일을 두고

감사하는 마음은

습관이 되어야 한다.

꾸준히 감사해야 한다.

이 세상 모든 것은

당신의 성장과 발전을 위해

부단히 일하고 있다.

그러니 범사에 감사하라.

앞서, 원하는 것을 원천 물질에 각인시키는 것이 부자 되는 첫걸음이라고 말한 바 있다. 그러기 위해서는 원천 물질과 조화로운 방식으로 관계를 맺어야 한다. 원천 물질과 조화로운 관계를 맺는 일은 대단히 중요하므로 특별히 지면을 할애해 기술하고자 한다. 여기서 제시하는 지침을 따르면 신의 마음과 완벽한 합일을 이룰 수 있게 될 것이다.

신 앞에 속죄하고, 신의 마음에 당신을 마음을 맞춰가는 과정을 통합해 한 단어로 표현하면, '감사'이다.

당신은 모든 만물의 창조를 빚어낸 하나의 지적 물질이 있음을 믿어야 한다. 둘째, 당신이 원하는 모든 것을 원천 물질이 이루게 해 줄 것이라 믿어야 한다. 셋째, 당신은 깊고도 신실하게 감사하는 마음으로 원천 물질을 대해야 한다.

삶의 다른 면면은 올바르게 살았지만, 감사하는 마음이 부족해 가난을 면치 못하는 사람들이 많다. 신에게서 받은 선물에 감사할 줄 모르면 신과 이어진 영원한 인연의 줄을 스스로 잘라내는 격이다.

부의 원천에 가까이 갈수록 당신이 취할 수 있는 부는 그만큼 더 많아지게 되어 있다. 같은 원리로, 늘 감사하는 마음을 지닌 사람이 전혀 감사할 줄 모르는 사람보다 신에게 더 가까이 다가들게 된다. 만물의 창조주에 감사하면 좋은 것들을 더 많이 받을 수 있다. 좋은 것들이 당신에게로 더 빨리 달려온다. 그 이유는 단순하다. 감사하는 태도가 당신이 소망하는 바를 축복의 원천에 더 가까이 당겨주기 때문이다.

감사하는 마음을 품으면 당신의 마음을 우주의 창조 에너지와 조화롭게 맺을 수 있다. 혹시, 이 말이 바로 다가오지 않는다면 잘 되새겨보라. 당신이 이미 소유한 좋은 것들을 돌아보라. 그 모두를 얻게 된 경위가 어떤 특정 법칙을 따른 결과가 아니었는지 잘 생각해보라. 감사하는 마음은 당신을 좋은 것들로 가까이 다가들 수 있게 인도한다. 당신을 창조적인 생각과 친밀하게 이어주고 당신이 경쟁의식에 빠져들지 않게 해 준다.

오로지 감사하는 마음만이 절대자의 전능하심을 바라볼 수 있게 한다. 그래서 부의 공급량이 제한되어 있다고 생각하는 오류를 범하지 않게 한다. 이런 오류는 당신이 원하는 바를 실현하는 데 치명적이다.

'감사의 법칙'이라는 게 있다. 원하는 결과를 얻으려면 이 법칙을 철저히 준수해야 한다. 감사의 법칙은 '작용과 반작용은 그 힘이 항상 같지만, 그 방향은 반대로 이루어진다'라는 자연 원리이다.

당신이 절대 존재에게 감사하는 마음을 가지면 어떤

힘이 생성되어 그게 우주로 방사된다. 그 힘이 목표 지점에 가 닿으면 그 반작용으로 또 다른 움직임이 만들어진다. 그로부터 그 힘은 당신을 향해 흐른다.

"그분께로 가까이 가라, 그러면 그분이 너희를 끌어당기시리라."

이 말은 심리학적 견지에서 보아도 명백한 진실이다. 감사하는 마음이 강하게 지속적으로 작용하면 원천 물질에서 가해오는 반작용 또한 그 성격이 강하고 지속적이기 마련이다. 그 결과, 당신이 원하는 것들이 당신을 향해 방향을 틀고 움직여 온다. 예수가 취한 감사의 태도를 보자. 예수는 항상 "아버지, 제 말에 귀를 열어주시니 감사드립니다."라고 기도를 올렸다. 감사하지 않으면 큰 힘을 발휘할 수가 없다. '감사'야말로 원천 물질의 힘과 당신을 이어주는 고리라는 사실을 잊지 말라.

감사하는 마음의 가치는 앞으로 올 더 많은 축복에만 있지 않다. 감사하는 마음이 없으면 현재 처한 상황이 불만스럽다는 생각에서 헤어나지 못하게 된다. 있는 그대로의 현재 상황을 불만스럽게 여기는 마음이 활개 치도록 여지를 주는 순간, 당신이 설 땅은 사라지고 만다. 평범하고, 밋밋하고, 가난하고, 비참하고, 초라한 것에 관심을 두는 순간, 그 모든 것들이 당신 머릿속에 형태를 잡고 들어앉는다. 그 형태나 이미지가 원천 물질에 전해진다. 그리되면, 평범하고, 밋밋하고, 가난하고, 비참하고, 초라한 것들이 당신을 향해 방향을 틀고 당신에게로 다가온다.

열등한 것에 계속해서 마음을 두면 열등하게 되고, 열등한 것들에 둘러싸인다. 반면, 월등한 것에 마음을 집중하면 월등한 것에 둘러싸이고 월등하게 된다. 우리 안의 창조 동력은 우리가 관심을 기울이는 그 이미지대로 우리를 만든다. 우리 인간도 생각하는 원천 물질이다. 원천 물질은 언제나 생각하는 모습 그대로 형태를 취한다.

감사하는 마음은 늘 '최고'를 생각한다. 그래서 최고가 되는 속성을 띨 수밖에 없다. 감사하는 마음은 최고의 형태, 최고의 속성을 취하기에 결과적으로 최고를 얻는다.

또한, 감사하는 마음에서 믿음이 피어난다. 감사하는 마음은 끊임없이 좋은 것을 기대하게 만들고 그런 기대가 곧 믿음이 된다. 감사하는 마음이 그 반작용으로 믿음을 양산하는 것이다. 감사하는 마음의 활기찬 물결은 당신 안의 믿음을 증폭시킨다. 감사할 줄 모르는 사람은 장기적으로 굳건한 믿음을 견지할 수 없고, 굳건한 믿음 없이는 창조적 방식으로 부자가 될 수 없다. 이 점에 관해서는 다음 장에서 상세히 알아볼 것이다.

당신에게 찾아온 좋은 것, 좋은 일을 두고 감사하는 마음은 습관이 되어야 한다. 꾸준히 감사해야 한다. 이 세상 모든 것은 당신의 성장과 발전을 위해 부단히 일하고 있다. 그러니 범사에 감사하라.

재계 거물들의 단점이나 비행에 관해 말하거나 생각하느라 시간을 허비하지 말라. 그들이 세상을 이렇게 만들었기에 당신에게 기회가 왔다고 생각하라. 지금 당신이 얻는 것들은 모두, 그들이 있어 가능했다. 부패한 정치인을 보고 분개하지 말라. 정치인이 없다면 무정부 상태가 불가피해지고 그리되면 당신이 누릴 기회의 폭이 대거 축소될 수밖에 없다.

신은 대단히 오랜 시간에 걸쳐 지금의 산업 및 정부 시스템을 우리에게 가져다주었다. 신은 그 일을 지금도 계속하고 있다. 신은 소용되는 한, 지금의 재벌, 산업 지도자, 정치인들을 그대로 두고 볼 것이다. 그때까지는 그들 모두가 우리에게 유익하다는 생각을 견지하라. 부가 당신을 찾아오는 그 벅찬 여정에 그들 역시 기여하고 있다는 사실을 잊지 말고 그들에게 감사하라. 그래야 모든 면에서 좋은 에너지와 조화로운 관계를 맺을 수 있다.

그래야 세상 만물 속에 깃든 좋은 것들이 당신을 향해 방향을 틀어 당신에게 움직여 올 것이다.

8장

부자의 방식

당신이 원하는 것이
실제로 늘 당신 주변에
있다고 생각하라.
신이 그것을 소유하고
그것을 사용하고 있다고 생각하라.
그걸 실제로 소유했을 때
당신이 사용할 방식 그대로
상상 속에서도 사용하라.

머릿속으로 그린 그림이
명확하고 분명해질 때까지
생각하고 또 생각하라.

앞서 6장으로 되돌아가 집의 이미지를 머릿속으로 그려본 남자의 사례를 다시 보라. 부자가 되는 첫 단계에 관해 좋은 아이디어를 얻을 수 있을 것이다.

부자가 되려면 당신이 원하는 바를 명확하고 분명하게 마음속으로 그려야 한다. 자신이 소유하지 못한 생각은 남에게 전달될 수 없다. 소유해야 줄 수 있다. 사람들이 원천 물질에 생각을 각인시키는 데 실패하는 이유는 간단하다. 자신이 하고 싶고, 갖고 싶고, 되고 싶은 것이 무엇인지 모호하고 막연한 상태로 소유하고 있기 때문이다.

잘 먹고 잘살기 위해서 부자가 되겠다는 일반적인 바람만으로는 충분치 않다. 그런 바람은 누구에게나 있다. 여행하고, 구경하고, 잘 살겠다는 바람도 충분치 않다. 그런 바람 역시 누구에게나 있다.

지인에게 문자를 보낼 때 알파벳을 순서대로 적고 친구더러 조합하라고 하지는 않을 것이다. 사전에서 보이는 대로 아무 단어나 적어 보내지도 않을 것이다. 조리 있는 문장, 의미 있는 문장을 잘 조합해서 보낼 것이다. 원천 물질에 바람을 각인시킬 때도 마찬가지다. 조리 있는 문구를 사용해야 한다. 자신이 원하는 것이 무엇인지 정확히 알아야 한다. 불확실한 바람이나 모호한 소망을 전달하는 것으로는 결코 부자가 될 수도 없고 창조적인 힘을 발휘할 수도 없다.

앞서 6장에서 집의 이미지를 그려 본 남자가 원했던 바를 다시 살펴보라. 그리고 자신이 원하는 것을 바라보라. 그게 당신에게 왔을 때 바라는 모습을 머릿속에 먼저 명확하게 그려라.

그리고 그 명확한 그림을 계속 마음에 간직해야 한다. 항해사가 배를 몰아가는 항구를 주시하듯, 당신도 그 그림을 항상 바라보고 있어야 한다. 키잡이가 나침반을 주시하듯, 당신도 그 그림에서 눈을 떼지 않아야 한다.

이를 위해, 꼭 집중하는 훈련을 하거나, 시간을 내서 기도하거나, 침묵의 시간을 갖거나, 특별한 묘기를 펼쳐야 하는 건 아니다. 그런다고 나쁠 건 없으나 당신이 원하는 걸 분명히 아는 노력이 훨씬 더 중요하다. 당신이 원하는 것이 당신 머리에서 떠나지 않게 간절히 원해야 한다.

여유 시간이 생기면 머릿속 그림에 대해 계속 생각하라. 하지만 진정으로 원하면 그걸 놓고 따로 집중하는 시간을 가질 필요 없다. 집중하는 데 노력이 필요하다면 그건 자신이 진정으로 원하지 않는 대상일 가능성이 크다.

나침반 바늘이 꾸준히 한 곳을 가리키듯, 진정으로 부자가 되려는 강한 염원을 품고 그 생각을 단단히 붙들지 않는다면 이 책의 지침을 실행하려 노력한들 별 효과 없다. 이 책에서 제시하는 방법들은 정신적 게으름과 나태

함을 벗고, 머릿속 생각을 행동에 옮길 수 있을 정도로 강한 욕망을 지닌 사람에게 유용하다.

명확하고 분명하게 그림을 그릴수록, 그 생각에 초점이 잘 맞춰져 필요한 세부 내용이 잘 떠오르게 된다. 그러면 그것에 대한 당신 욕망의 강도도 더 커진다. 욕망의 강도가 커질수록 또 원하는 바의 그림에 마음을 고정하기가 수월해진다.

그러나 그림을 명확히 그리는 것 말고도 당신이 할 일은 더 있다. 그림을 그리는 데서 그친다면 당신은 몽상가에 머물 뿐 성장을 위한 힘을 확보하지는 못한다. 선명한 비전 뒤에는 그것을 실현하려는 목적의식이 있어야 한다. 그래야 당신이 원하는 바를 밖으로 생생하게 표현할 수 있다. 이 목적의식 뒤에는 원하는 바가 이미 확보되었다는 믿음이 필요하다. 원하는 것이 손안에 들어왔고 이제 그 소유권을 세상에 천명하기만 하면 된다는 굳은 믿음 말이다.

말끔한 새집이 형태를 입어 눈앞에 나타날 때까지, 그

집에서 사는 당신 모습을 머릿속에 계속 떠올려라. 그 상상의 왕국에 들어가 당신이 원하던 것을 유감없이 즐겨라.

성경에 이리 쓰여 있다.

"너희가 기도할 때 무엇이든지 믿고 구하는 것은 다 받으리라."

당신이 원하는 것이 실제로 당신 주변에 있다고 생각하라. 당신이 그것을 소유하고 그것을 이미 사용하고 있다고 생각하라. 그걸 실제로 소유했을 때 당신이 사용할 방식 그대로 상상 속에서도 사용하라. 머릿속으로 그린 그림이 명확하고 분명해질 때까지 생각하고 또 생각하라.

나아가, 상상 속 그림에 들어 있는 모든 것에 대해 당신이 정신적으로 주인이라는, 정신적 소유권을 선포하라. 그 모든 게 온전히 당신 것이라는 확고한 믿음으로 당당히 선포하라. 그 정신적 소유권을 견지하며 그게 상상 속의 일이 아닌 현실이라는 믿음을 한순간도 놓지 마라.

그리고 바로 앞 장에서 '감사'에 관해 한 말을 기억하

라. 원하는 바가 형태를 입고 드러났을 때 감사할 마음 그대로 감사하라. 상상 속에서 소유한 것을 놓고 진심으로 신에게 감사할 줄 아는 사람은 진정한 믿음을 지닌 사람이다. 그런 사람은 반드시 부자가 된다. 그래서 무엇을 원하든 그것을 창조하게 될 것이다.

원하는 것을 두고 기도를 반복할 필요는 없다. 신에게 매일 말할 필요는 없다. 성경에도 쓰여 있다. "기도할 때 이방인과 같이 중언부언하지 말라. 구하기 전에 너희에게 있어야 할 것을 하느님 너희 아버지께서 아시느니라."

당신이 할 일은 삶을 '더 크게' 만들어 줄 무언가를 바라고 그 바람을 상상 속에서 형상화하는 것이다. 그런 뒤, 그 형상들을 전체적으로 통합해 원천 물질에 각인시켜야 한다. 원천 물질에는 당신의 바람을 실현하려는 강인한 힘과 의지가 들어 있다. 이때, 각인은 같은 말을 반복하는 식으로 행해져서는 안 된다. 원하는 것을 얻고야 말겠다는 흔들림 없는 목적의식, 그리고 그걸 반드시 손에 넣겠다는 굳건한 믿음으로 비전을 품어야 한다.

기도의 응답은 그걸 말로 할 때 품는 믿음에 달린 게 아니다. 당신이 행동할 때 품는 믿음에 달려 있다. 한 주 내내 신을 잊었다가 특별한 날에만 원하는 걸 달라고 기도한다 해서 그 기도가 신의 마음에 각인이 되는 게 아니다. 기도 시간 외에는 원하는 바를 일절 생각지 않는다면 정해진 시간에 골방에 들어앉아 아무리 기도한들, 그 염원은 신의 마음에 각인되지 못한다.

물론, 말로 구하는 기도도 비전을 명확히 하고 믿음을 강화하는데 효력이 있겠지만, 원하는 걸 얻는 일은 말로 청한다고 해서 되는 게 아니다. 부자가 되려면 기도의 '시간'이 중요한 게 아니라 '꾸준함'이 필요하다. 여기서 말하는 '기도'란 이런 것이다.

굳건한 목적의식과 믿음을 기반으로 선명한 비전을 견지하면서 그 비전을 구체적인 형태로 만들겠다는 의지의 표명.

"믿으라, 그리하면 얻으리라."

일단, 비전이 명확하게 형태를 입었다면 그다음 문제

는 '받기'에 달렸다. 비전을 형상화했다면 그것을 말로 진술하는 게 좋다. 그 내용을 절대자에게 기도로 올려라. 그 순간부터는 당신이 구한 것을 마음으로 반드시 '받아야' 한다.

말끔한 새집에서 살고, 좋은 옷을 입고, 멋진 자동차를 타고, 여행을 떠나라. 얼마든지 더 멋진 여행 계획을 세우라. 당신이 구한 모든 것을 실제로 지금 소유하고 있다고 생각하라. 그리고 말로 선언하라. 당신이 바라는 정도와 똑같은 환경과 재정 상태를 상상하라. 그런 뒤 상상 속 환경과 재정 상태 그대로 살아라. 망상가나 공상가의 자세로 상상하라는 의미가 아니다. 그 상상이 현실로 이루어지고 있다는 믿음, 그것을 실현하겠다는 의지를 다져야한다는 뜻이다. 그게 과학자와 몽상가를 가르는 차이임을 잊지 말라.

이 사실을 배웠으니, 이제 의지력을 적절하게 사용하는 법을 배울 차례이다.

9장

의지력을 사용하는 방법

무엇을 생각하고

무엇을 할 것인지 정한 뒤

해야 할 일을 생각하고

행동하는 단계에서는

그걸 밀어붙일 힘이 필요하다.

이게 당신이 원하는 바를 이루기 위해

의지력이란 힘을

제대로 사용하는 방법이다.

과학적 방법으로 부자가 되려면 당신의 의지를 바깥에 대고 힘으로 행사해서는 안 된다. 애초에 당신에게는 그럴 권리가 없다. 남에게 힘을 행사해 자신이 원하는 것을 하게 만드는 행위는 옳지 않다. 정신적 힘으로 타인에게 복종을 강요하는 것은 물리적 힘으로 복종을 강요하는 것 못지않게 명백한 잘못이다. 물리적 힘으로 타인을 노예 취급하는 것과 정신적으로 강압하는 행위는 같다고 봐야 한다. 물리적 힘으로 남의 것을 뺏는 일이 절도라면, 정신적 힘으로 남의 것을 뺏는 것 또한 절도다. 이 둘은 원칙적으로 다르지 않다.

우리는 타인에게 의지력을 행사할 권리가 없다. 설령, 그 의도가 상대를 위한 것이라 해도 온당치 않다. 상대에게 무엇이 이로울지, 그걸 당신이 판단할 수는 없기 때문이다. 부자가 되는 과학에서는 어떤 이유로든 다른 사람에게 힘을 쓸 필요가 없다. 그럴 이유가 전혀 없다. 다른 사람에게 힘을 행사하려 하면 오히려 당신의 목표만 좌절될 뿐이다.

원하는 것이 물건일 때도 마찬가지다. 그 물건을 손에 넣고자 완력을 쓸 필요가 없다. 이는 감히 신을 강압하려는 시도이며 불경할 뿐 아니라 어리석고 무가치한 행위이다. 신을 압박해서 해를 뜨게 할 수 없듯이 좋은 것을 달라고 신을 강요할 수 없다. 당신의 말을 잘 들어주지 않는다고 해서 신을 이기고자 힘을 행사할 필요도 없고, 당신의 의지에 끈질기게 반발한다고 그 힘을 꺾고자 완력을 쓸 필요도 없다. 당신이 원하는 걸 얻고자 하는 마음보다 원천 물질이 당신에게 그걸 주고 싶어 하는 마음이 더 강함을 잊지 말라.

부자가 되려면 당신의 의지력은 오로지 당신한테만 행사해야 한다. 무엇을 생각하고 무엇을 할 것인지 정한 뒤 해야 할 일을 생각하고 행동하는 단계에서는 그걸 밀어붙일 힘이 필요하다. 이게 당신이 원하는 바를 이루기 위해 의지력이란 힘을 제대로 사용하는 방법이다. 옳은 길로 가도록 당신 자신을 붙잡기 위해서 말이다. 의지력은 부자의 방식에 따라 생각하고 행동하는 데 써야 한다.

부디, 당신의 의지, 생각, 마음을 '밖'에다 투사해 사람이나 사물을 대상으로 행사하지 말라. 당신은 이 모든 것을 마음 '안'에다 품어야 한다. 의지력은 다른 어떤 곳보다 당신 마음 안에 있을 때 훨씬 더 많은 걸 이룬다. 당신의 마음은 원하는 바의 이미지를 만드는 데에, 굳은 믿음과 목적의식으로 비전을 견지하는 데에 사용하라. 그리고 힘은 옳은 방향으로 그걸 꿋꿋이 밀고 가는 데에 쓰라. 믿음과 목적의식이 꾸준하고 한결같을 때 당신은 더 빨리 부자가 될 수 있다. 원천 물질에 긍정적인 각인을 입혀서 부정적인 각인에 믿음과 목적의식이 흐려지거나 오염되는 것을 막을 수 있다.

원하는 것의 비전은 믿음과 목적의식에 힘입어 원천 물질에 각인되면 광활한 우주로 퍼져나간다. 그때부터 세상 만물은 그 그림을 실현하기 위한 방향으로 일제히 움직이기 시작한다. 모든 생물, 무생물, 심지어는 아직 창조되지 않은 것들도 당신의 소망을 이루어주는 방향으로 움직인다. 모든 힘이 한 방향으로 작용하고 모든 것이 당신을 향해 움직인다. 그 에너지는 세상 곳곳에, 구석구석 전달되고 수많은 사람이 당신의 염원을 이루기 위한 활동에 들어간다. 그 시점을 기해, 그들 모두 무의식적으로, 당신을 위해 일하기 시작한다.

이즈음에서 원천 물질에 부정적인 각인이 시작되지 않았는지 확인할 필요가 있다. 믿음과 목적의식은 당신 쪽에 가까이 두되, 의심이나 불신은 당신 쪽에서 멀어지게 해야 한다. 부자가 되는데 정신의 과학을 적용하려는 사람들이 실패하는 주된 이유가 이 점을 제대로 이해하지 못해서다. 의심과 두려움에 마음을 내줄 때마다, 걱정하면서 시간을 보낼 때마다, 영혼이 불신에 사로잡힐 때마다 당신은 지력을 갖춘 원천 물질에서 멀어지게 된다.

"모든 약속은 믿는 자, 오로지 믿는 자에게만 이루어나니."

예수가 이 같은 신조를 얼마나 굳건히 견지했는지 기억하라. 이제는 당신도 그 이유를 알 것이다.

뭐니 뭐니 해도 믿음이 제일이다. 믿음이 있어야 당신의 생각을 굳건히 지킬 수 있다. 믿음은 당신이 무엇을 보고, 무엇을 생각하는지에 전적으로 좌우된다. 그러니 어디에 주의를 기울일지 신중하게 정해야 한다. 바로 이 부분에서 '의지력'이란 힘이 소용된다. 어디에 관심과 주의를 기울일지 결정하게 하는 동력이 바로 의지력이기 때문이다.

부자가 되고 싶다면, 가난에 관심을 가져서는 안 된다. 원하는 것과 상반되는 것을 생각하면 원하는 것은 오지 않는다. 질병을 생각하고 연구한다면 건강해질 수 없다.

죄악을 생각하고 연구한다면 의(義)를 키울 수 없다. 마찬가지로, 가난에 관해 자꾸 신경 쓰고 생각하면 부자가 될 수 없다.

질병을 연구한 결과, 의약품은 오히려 질병의 수를 늘렸고, 죄악을 연구하는 종교는 죄악을 조장했으며, 빈곤을 연구하는 경제학은 비참한 결핍을 이 세상에 퍼뜨렸다.

가난에 관해 말하지 말라. 가난에 관해 알아보지도 말라. 가난 같은 건 신경 쓰지 말라. 가난의 원인 같은 걸 신경 쓰지 말라. 당신하고는 아무 상관 없는 일이다.

당신이 신경 써야 할 것은 '해결책'이다.

자선 사업이나 자선 운동에 시간을 들이지 말라. 자선의 원래 목적은 가난의 근절이지만 자선은 오히려 가난을 퍼뜨리는 경향이 있다. 그렇다고 당신더러 냉정하고 매정한 사람이 되라는 게 아니다. 도움을 구하는 외침을 외면하라는 말도 아니다. 다만, 고루한 방식으로 가난을 근절하려 들지 말라는 뜻이다. 가난과 관련된 것들을 모두 관심 밖으로 돌려야 당신에게서 가난이 멀어진다.

부자가 되는 것.

그게 가난한 이들을 도울 최선의 해결책이다.

머릿속을 온통 가난의 그림으로 채우고 있는 한, 당신은 자신을 부자로 만들어 줄 그림을 견지할 수 없다. 빈민가 사람들의 비참함, 아동 착취 등에 관한 내용의 책이나 기사를 읽지 말라. 결핍과 고통 같은, 맥 빠지는 그림을 당신 머릿속에 주입할 만한 건 뭐가 됐든 읽지 말라. 가난한 사람을 구제하는 데 눈곱만큼도 도움 되지 않는다. 이세상에 가난과 연관된 정보와 지식이 차고 넘치지만, 빈곤 문제는 전혀 근절되지 못했다.

당신이 머릿속에 가난의 그림을 열심히 그린다고 이세상 가난이 없어지는 게 아니다. 대신, 가난한 자들 스스로 머릿속에 부를 얻는 그림을 그려야 한다. 당신이 가난을 생각하지 않는다고 해서, 즉 당신의 머릿속을 가난의 참상으로 채우지 않는다고 해서 가난한 사람들을 그 참상 속에 무책임하게 방치하는 게 아니다. 가난이 근절되기 위해서는 가난에 대해 생각하는 부자가 많아지는 것보다 부자가 되기로 결심하고 스스로 부자가 될 수 있다고 믿는 가난한 이의 수가 늘어나야 한다.

가난한 사람에게 필요한 것은 자선이 아니다. 그들에게 필요한 건 '영감'이다. 당신이 자선하는 마음으로 내미는 빵 한 조각이나 한두 시간 가난을 잊을 수 있게 제공하는 오락거리가 오히려 그들을 가난의 참상 속에 계속 방치하는 격이다. 대신, 당신이 주는 영감이 그들을 가난의 참상에서 구해 낼 수 있다. 가난한 사람을 돕고 싶은가? 그렇다면 그들이 부자가 될 수 있다는 것을 당신이 몸소 생생하게 보여주라. 당신이 직접 부자가 되어 증명해 보이면 된다.

이 지구상에서 가난을 근절할 유일한 해결책은 이 책의 내용을 실천하는 사람이 지속적으로 더 많이 늘어나는 것이다. 인간은 부자 되는 법을 '경쟁'이 아닌 '창조'로 배워야 한다. '경쟁'으로 부자가 되는 사람은 자기가 오른 사다리 아래로 남을 밀어버리지만, '창조'로 부자가 되는 사람은 수천 명에게 갈 길을 열어주며 자기처럼 사다리를 오르라고 독려하며 영감을 준다.

가난을 안타까워하고, 가난을 들여다보고, 가난에 대해 읽고 생각하고, 가난에 관한 이야기를 듣길 거부한다고 냉정하거나 감정이 메마른 게 아니다.

'가난'이란 주제를 머릿속에서 떨쳐 내는데 의지력을 발휘하라. 그래서 당신이 원하는 비전을 실현할 믿음과 목적의식을 끌어오라.

10장

의지력을 사용하는 또 다른 방법

오로지 부에만 관심을 쏟아라.

가난에는 신경 쓰지 마라.

가난한 사람에 대해

생각하거나 말할 때마다

그들이 '부자가 되어 간다'고 생각하라.

그래서 동정이 아닌

축하할 대상으로 생각하고

또 그리 말하라.

그런 식으로 영감을 주면

그들 또한 가난에서 헤어날 방도를

찾기 시작할 것이다.

부자가 되겠다는 분명하고도 확실한 비전을 견지하려면 상상 속에서든 현실에서든, 그와 상반되는 그림에 한 눈을 팔아서는 안 된다. 과거에 재정적으로 힘들었다고 해도 그런 이야기는 하지도 않고, 생각도 하지 않는 게 좋다. 부모가 가난했던 시기, 당신의 불우한 어린 시절에 대해서도 말하지 말라. 그런 이야기를 하거나 생각하는 동안 그만큼 당신은 정신적으로 가난한 사람이 된다. 그런 행위는 당신을 향해 가동되던 긍정적 움직임을 방해하는 결과를 낳는다.

예수가 말하길, "죽은 자들로 자기의 죽은 자들을 장사하게 하라."고 하였다.

가난 자체는 물론, 가난과 관련된 건 전부 당신 주변에서 치우라. 당신은 이제, 어떤 특정한 우주의 법칙을 받아들였다. 그리고 당신의 행복, 그 모든 희망을 그 법칙이 옳다는 데 걸었다. 그런데 그 반대 이론에 관심을 가져서 무엇을 얻고자 하는가?

이 세상이 곧 종말을 맞을 거라고 주장하는 종교 서적을 읽지 말라. 이 세상이 악으로 치닫는다고 속닥이는 염세적인 철학가의 글을 읽지 말라. 이 세상은 악을 향해서 가지 않는다. 이 세상은 창조주에게로 가고 있다. 이 세상은 어떤 경이로운 것으로 '되어가는(becoming)' 중이다.

물론, 현재 지구상에는 경이롭지 못한 것들도 많이 존재한다. 그러나 어차피 사라질 운명들인데 그걸 연구한들 무슨 소용인가? 우리가 관심을 가지면 가질수록 오히려 우리 곁에 더 오래 남으려 기를 쓸 것이다. 만물의 진화 원칙에 따라 어차피 소멸해 가고 있는 것들에 당신의 시간과 관심을 들일 이유가 무언가? 그 소멸을 재촉할 수 있는 건 오로지 진화적 성장 과정에 박차를 가하는 일뿐이다. 거기에 물론, 당신의 '성장'도 포함된다.

특정 국가, 특정 지역, 특정 장소에서 일어나고 있는 어떤 일이 아무리 끔찍해 보이더라도 그런 것들에 관심을 두지 말라. 당신의 아까운 시간을 낭비하고 귀한 가능성을 저해할 뿐이다. 당신의 관심은 오로지 당신이 부자 되는 일에 맞춰져야 한다. 인류가 벗어나려 하는 가난을 생각하지 말고 이 세상이 다가가고 있는 부를 생각하라. 세상이 부유해지도록 도울 수 있는 유일한 길은 경쟁이 아닌, 창조 마인드를 통해 당신 자신이 부유해지는 것이다.

오로지 부에만 관심을 쏟아라. 가난에는 신경 쓰지 마라. 가난한 사람에 대해 생각하거나 말할 때마다 그들이 '부자가 되어 간다'고 생각하라. 그래서 동정이 아닌 축하할 대상으로 생각하고 또 그리 말하라. 그런 식으로 영감을 주면 그들 또한 가난에서 헤어날 방도를 찾기 시작할 것이다.

당신의 생각, 시간, 관심을 오로지 부에 집중하라는 의미는 몰인정하고 인색해지라는 뜻이 아니다. 진정한 부자가 되는 것은 당신의 삶에서 이룰 수 있는 가장 숭고한 목표라 할 만하다. 왜냐하면 '부'야말로 다른 모든 것을 포용하기 때문이다.

경쟁 구도에서 보면, 부자가 되려 애쓰는 것도 다른 사람을 짓누르려는 볼썽사나운 쟁탈전에 불과하다. 그러나 창조 구도에서 보면 모든 게 달라진다. 거룩함, 고매함, 그리고 선의 가득한 봉사와 노력으로 이룰 수 있는 모든 것은 부를 통해 온다. 이 모두는 무언가를 이용해야만 가능한 일이기 때문이다.

건강을 잃어 본 사람이라면 건강을 회복하는 일이 전적으로 '부'에 달렸다는 사실을 절감한다. 재정과 관련된 걱정에서 자유로운 사람, 마음 편히 살 수 있는 수단을 갖춘 사람, 위생적인 환경에서 살 수 있는 사람만이 건강을 회복하고 유지할 수 있다.

윤리적·영적 고결함은 생존 경쟁을 초월한 사람들만

이 성취할 수 있다. 창조 구도에서 부자가 되는 사람은 경쟁 구도에서 야기되는 정신적 피해에서 안전하다. 당신은 가정의 행복을 무엇보다 중시하는가? 그렇다면 품격 있고, 생각하는 수준이 높고, 음울한 기운이 없는 환경일 때 사랑 충만한 가정이 이루어진다는 사실을 기억하라. 갈등이나 적대감이 없는 이런 사랑은 오로지 창조 구도로 구축된 부에 의해서만 얻어질 수 있다.

반복해 말하지만, 당신에게 부자가 되는 일보다 더 위대하고 고귀한 목표는 없다. 그러니 당신 머릿속에 그린 부의 그림에 온 관심을 집중하고 그 비전을 흐리고 모호하게 할 만한 것은 일체 배제하라.

세상 만물에 깃든, 보이지 않는 진실 하나가 있다. 외견상 좋아 보이지 않아도 그 상황 뒤에서 위대한 '하나의' 삶이 움직이고 있다는 진실이다. 그 위대한 삶은 더 충만한 삶, 더 완벽한 행복 쪽으로 꾸준히 움직이는 성질이 있다.

어떤 사람은 자신을 위해 준비된 부가 있다는 사실을

몰라서 가난하게 산다. 그걸 깨우쳐줄 가장 좋은 방법은 당신 자신이 입은 영향력을 보여주는 것이다. 또 어떤 사람은 가난을 벗어날 길이 있다는 걸 알면서도 그 길을 찾고 헤쳐가는 데 필요한 정신적인 노력을 하지 않아서 가난하다. 이때, 당신이 할 수 있는 최선은 옳은 방법으로 부자가 되어 당신이 느끼는 행복을 그들에게 보여주는 것이다. 그들 안에 부자가 되고자 하는 갈망을 일깨워주는 것이다.

어떤 이는 과학을 연구한답시고 형이상학적이고 초자연적인 이론의 미궁 속에 빠져 갈 길을 잃은 나머지 가난하게 산다. 이런 사람은 이런저런 체계가 뒤섞인 방식을 적용하게 되지만 번번이 실패한다. 이런 사람들을 위한 최선 역시, 당신이 제대로 된 방법으로 부자가 되는 모습을 보여주는 것이다. 무릇, 한 번의 실행은 백 가지 이론보다 낫다.

이 세상을 위해 당신이 할 수 있는 가장 훌륭한 일은 자신의 최대치를 실현하는 것이다. 부자가 된다는 것은 신과 인류를 위해 봉사할 수 있는 가장 효과적인 방법이다. 물론, 경쟁적인 방식이 아니라 창조적 방식으로 이루는 부의 경우를 말한다.

나는 이 책에 '부자 되는 과학'의 세부 원칙을 모두 담았다. 그러니 앞으로 당신은 같은 주제의 다른 책을 읽지 않아도 된다. 이런 논법이 다소 편협하고 독선적이라고 느껴질지 모르지만, 생각해보라. 수학 계산에서 덧셈, 뺄셈, 곱셈, 나눗셈 외에 다른 과학적인 계산법은 존재하지 않는다. 두 점을 최단으로 잇는 직선은 하나뿐이다. 이처럼, 과학적으로 생각하는 법은 본질적으로 하나뿐이다. 그 하나의 방식이 가장 단순하고 직접적으로 당신을 목표 지점까지 인도해 줄 것이다.

지금까지 그 누구도 이 책보다 더 단순하고 간결한 체계를 고안하지 못했다. 이 책에서는 불필요한 건 모두 배제되었다. 이 책에서 제시한 바를 실천할 때는 다른 것들은 모두 한쪽으로 치우라. 당신 머릿속에서 모조리 몰아내라.

이 책을 매일 몸에 지니고 다니면서 읽고 내용을 암기하라. 다른 체계, 다른 이론은 생각하지 말라. 그렇지 않으면 의심이 생기고 확신이 사라지며 생각이 흔들리다가 결국 실패하게 된다.

이 책을 읽고 결과가 좋아서 부자가 되면 그때 얼마든지 다른 체계를 연구해도 좋다. 그러나 당신이 원하는 바를 이루었다는 확신이 들 때까지 이 책 외에 다른 책은 피하라. 물론, 이 책의 서문에서 언급한 저자들의 책은 읽어도 좋을 것이다.

세상에 쏟아져 나오는 뉴스 중에서도 다분히 낙관적인 기사, 다시 말해, 당신의 비전과 조화를 이루는 기사를 읽기 바란다. 초자연적인 주제에는 관심을 두지 말라. 신비주의, 심령술과 관련되는 것에 가까이 가지 말라. 죽은 자들이 여전히 우리 곁을 떠돌고 있을지도 모르지만, 설령 그게 사실이라도 그러려니 하면 된다. 죽은 자들 일까지 당신이 상관할 바는 아니다.

죽은 자의 혼백이 어디에 있든, 그들에게도 나름의 할

일이 있어 그런 것일 터, 그건 그들의 문제다. 우리에게는 개입할 권리가 없다. 우리가 혼백을 도울 수도 없지만, 혼백이 우리를 도울 가능성은 더 희박하다. 혹시 혼백이 우리를 도울 수 있다 해도 그쪽 시간을 빼앗을 권리가 우리에게 있는지도 모를 일이다. 죽은 자는 저승에서 볼일 보게 두고, 당신은 이승에서 당신의 문제에 집중하면 된다. 바로, 부자가 되는 것 말이다.

지금까지 기술한 내용을 다음의 기본적인 사실로 요약할 수 있다.

하나, 이 세상에는 원천 물질이 있고 세상 만물은 모두 거기서 만들어진다. 원천 물질은 이 우주 곳곳에 스며 있고, 배어 있고, 그 겹겹이, 층층이 쌓여 있다.

둘, 이 원천 물질이 생각하면 그 생각이 형태를 입어 하나의 물질이 창조된다.

셋, 인간은 생각에 형태를 입힐 수 있고 그걸 무형의 원천 물질에 각인시킴으로써 그 형태를 실제로 창조해 낼 수 있다.

넷, 이 모든 것을 이루려면 경쟁 마인드에서 벗어나 창조 마인드로 갈아 끼워야 한다. 원하는 것을 머릿속에 명확한 그림으로 그리고, 그것을 손에 넣겠다는 목적의식과 흔들림 없는 믿음으로 그 그림을 견지해야 한다. 이때, 비전과 목적의식을 흐리고, 믿음을 방해하는 요인에는 일체 마음의 문을 닫아야 한다.

이제는 부자의 방식으로 삶을 살고 행동하는 법을 배울 차례다.

부자의 방식으로 행동하라

당신은 지금

있지 않은 곳에서 행동할 수 없고,

과거에 있던 곳에서 행동할 수 없으며,

앞으로 있을 곳에서 행동할 수 없다.

당신은 오로지,

지금 당신이 있는 곳에서

행동할 수 있을 뿐이다.

우리가 하는 '생각'은 창조적 힘인 동시에 창조적 힘을 실행시키는 추진력이다. 그러니 부자의 방식으로 생각하라. 그러면 부를 얻는다.

그렇다고 개별 행동에는 관심을 기울이지 않고 생각에만 기대서는 안 된다. 생각에만 기댄 과학자 및 형이상학자들이 좌초한 이유가 바로, 생각과 개별 행동을 연결하는 것에 실패했기 때문이다.

인류의 발전 단계상, 우리는 아직 자연의 개입이나 인간의 손을 거치지 않고 원천 물질과 직접 창조 활동을 수

행할 수 있는 수준(물론, 이런 수준이 가능하다는 가정하에 서)에 이르지는 못했다. 그래서 사람은 생각만 해서는 안 되고, 개별 행동으로 그 생각을 뒷받침해야 한다.

당신은 생각을 통해, 산에 묻힌 금이 당신을 향해 방향을 틀게 만들 수는 있다. 그러나 금이 저절로 땅에서 솟아나 알아서 정제되고 금화로 변신해 당신 주머니로 굴러들어오리라 기대할 수는 없다.

원천 물질이 추진력을 가동하면 인간의 할 일이 분배되어 어디선가 당신을 위해 금을 캐는 사람이 생겨난다. 또 거래를 통해 금이 당신을 찾아오게 할 수도 있다. 금이 찾아왔을 때 당신이 할 일은 그걸 받을 수 있도록 행동 계획을 잘 세우는 것이다. 당신이 생각하면, 그 생각이 세상 만물—생물이든, 무생물이든—을 통해 당신이 원하는 것을 당신 쪽으로 보내온다. 그때 원할 당신의 개별 행동은 그걸 제대로 받을 수 있도록 이루어져야 한다. 그걸 거저 받아도 안 되고 훔쳐서도 안 된다. 반드시 명심해야 할 점은 당신이 받는 현금 가치보다 당신이 남에게 주는 이용 가치가 더 커야 한다는 사실이다. 과학적 방식으로 생각하면 원하는 바를 분명하고 명확하게 마음속으로 그려야 한다. 원하는 것을 얻고야 말겠다는 목적의식을 굳건히 다져야 한다. 원하는 것을 반드시 얻게 된다는 믿음을 가져야 한다.

뭔가 알 수 없는 기운이 당신을 위해 뭘 해주리라 기대하며 당신의 생각을 미신적이고 주술적인 것에 투사해서는 안 된다. 이는 헛수고일 뿐이며 오히려 이성적으로 생각하는 능력을 약화한다. 부자가 되기 위해 생각을 어떻게 해야 하는지는 앞에서 충분히 설명했다. 믿음과 목적의식을 원천 물질에 긍정적으로 각인하면 그때부터 우주의 소망은 당신의 바람과 같아진다. 당신에게서 비전을 전달받으면 원천 물질의 창조적 힘이 행동 경로를 통해 움직인다. 이때, 그 방향은 당신을 향해있다.

당신이 할 일은 이 창조 과정을 감독하거나 지휘하는 게 아니다. 당신은 오로지 비전을 견지하고 목적의식을 다지며 믿음과 감사하는 마음을 놓지 않으면 된다. 그리고 반드시 부자의 방식으로 행동해야 한다. 그래야만 원하는 게 당신을 찾아왔을 때 그걸 붙잡을 수 있다. 당신 머릿속의 그림을 현실에서 만날 수 있다. 그리고 그게 찾아오는 대로 적절한 자리에 안배할 수 있다.

한편, 당신이 원하던 것이 당신을 찾아왔는데 그게 다른 사람의 손안에 있을 수도 있다. 그 사람은 그걸 놓고 당신에게 상응하는 대가를 요구할 것이다. 그럴 때는 상대에게 그 사람의 몫을 반드시 주어야 한다. 그래야 당신 몫을 받을 수 있다.

당신이 아무 노력도 하지 않는데 당신 주머니가 돈이 가득 든 마술 지갑으로 둔갑할 일은 없다. 생각과 개별 행동의 결합. 이것은 부자 되는 과학에서 대단히 중요한 진리다. 이 세상에는 의식적으로, 또 무의식적으로, 강력하고 끈질기게 원해서 창조적 힘을 가동했건만 여전히 가난한 사람이 많다. 그 이유는 원하는 게 찾아왔을 때 그걸 제대로 받는 태세를 갖추지 못했기 때문이다.

생각은 당신이 원하는 것이 당신을 찾아오게 만든다.

행동은 당신이 원하는 것을 받을 수 있게 한다.

어떤 행동이 됐건, '행동'과 관련해 주지할 사실은 '지금' 행동해야 한다는 것이다. 당신은 과거 안에서 행동할 수는 없다. 선명한 비전을 확보하려면 머릿속에서 과거는 깨끗하게 지워내야 한다. 또, 당신은 미래에서 행동할 수도 없다. 미래는 아직 오지 않았기 때문이다. 미래에 발생할만한 일이라도 눈앞에서 실제로 맞닥뜨리기 전까지는 미래에 어떤 행동이 필요할지 알 수 없다.

현재, 당신이 택한 사업이나 환경이 적합하다는 생각이 들지 않더라도 적합한 사업과 환경이 확보될 때까지 행동을 유예해서는 안 된다. 또 향후 일어날지 어떨지 모르는 비상사태를 놓고 그 수습 방안에 관해 지금 생각하지 말라. 당신에게 지금 필요한 건 비상사태가 닥쳤을 때 대항할 수 있다는 믿음이다.

마음은 미래에 두고 행동은 현재에 두면 마음이 둘로 갈라져 일의 효율성이 떨어진다. 오로지 당신이 '지금' 하는 행동에 온 마음을 쏟아라.

원천 물질에 창조적 생각을 전한 뒤 팔짱 끼고 앉아서 그 결과를 기다리고만 있어서는 안 된다. 그러면 결코 원하는 것을 얻을 수 없다.

지금 행동하라.

지금이 아니고는 시간이 없다. 앞으로도 마찬가지다. 지금 아니고는 시간이 없을 것이다. 당신이 원하는 것을 받을 수 있게 준비하라. 그렇다면 당신은 지금 당장 시작해야 한다.

당신이 취할 행동은 그게 무엇이든, 당신이 지금 손대고 있는 사업이나 직업을 기반 삼기 마련이다. 당신 주변의 사람들과 당신을 둘러싼 환경을 기반 삼게 되어 있다.

당신은 지금 있지 않은 곳에서 행동할 수 없고, 과거에 있던 곳에서 행동할 수 없으며, 앞으로 있을 곳에서 행동할 수 없다. 당신은 오로지, 지금 당신이 있는 곳에서 행동할 수 있을 뿐이다.

어제 일이 잘 풀렸는지 안 풀렸는지 신경 쓸 시간에 오늘 일을 잘하라. 내일 할 일을 오늘 미리 하려고 하지 말

119
•
11장 | 부자의 방식으로 행동하라

라. 그 일이 당신 눈앞에 떨어지면 그 일을 할 시간은 충분히 주어질 것이다. 주술적이고 초자연적인 것에 기대서 당신의 손이 닿지 않는 사람이나 사물에 영향을 주려 하지 마라. 환경이 변하기를 기다렸다가 행동하려 하지 말라.

대신, 행동을 통해 환경을 바꾸어라. 당신은 현재 당신이 있는 곳의 환경에 행동으로 영향을 미칠 수 있다. 그래서 지금 환경을 더 나은 환경으로 바꿀 수 있다. 믿음과 목적의식으로 더 나은 환경 속에 있는 당신의 모습을 그리고 그 비전을 견지하라. 그리고 현재의 환경을 기반으로 온 마음, 온 힘, 온 정신을 집중해 행동하라.

아까운 시간을 백일몽이나 공상에 빠지는 데 쓰지 말라. 당신이 원하는 것을 그린 비전을 붙잡고 지금 당장 행동에 착수하라. 뭔가 새로운 일을 찾아 두리번거리거나 평소와 다른 특별한 행동을 하는 게 부자가 되는 첫걸음이 아니다. 당신이 취할 행동은 지금까지 계속해온 행동일 확률이 높다. 적어도 한동안은 그렇다. 단, 어떤 행동이 됐든, 부자의 방식으로 해야 한다.

지금 어떤 사업을 하고 있든, 자신에게 맞지 않는다는 느낌이 들면 맞는 사업이 눈앞에 나타날 때까지 기다렸다가 행동하지 말라. 당신의 자리가 아닌 곳에 있다고 생각되면 좌절하거나 앉아서 한탄만 하고 있어서는 안 된다. 자리가 잘못돼서 맞는 자리를 찾지 못하는 사람은 없다. 지금 맞지 않는 사업을 하고 있다고 맞는 사업을 영영 못 찾을 일도 없다.

믿음과 목적의식을 바탕으로, 자신에게 꼭 맞는 사업을 하는 자기 모습을 그려보라. 당신이 언젠가는 그 일을 할 것이고 지금 그 방향으로 가고 있다는 믿음을 가져라. 현재 당신이 하는 일을 앞으로 더 나은 일을 하는 과정으로 여기라. 현재 당신이 처한 환경을 더 나은 환경을 갖추는 과정으로 여기라.

믿음과 목적의식을 다지면서 자신에게 맞는 사업을 하는 비전을 견지하면 원천 물질이 그 사업을 당신 쪽으로 끌어올 것이다. 이때, 당신이 부자의 방식으로 행동한다면 당신 역시 그 일을 향해 움직이게 된다.

당신이 현재 고용인이거나 임금 노동자인데 소망을 이루기 위해 일터를 바꿀 필요가 있다는 생각이 들면 그 생각 그대로 우주에 투사하고 얼른 다른 일자리를 달라 청하지 말라. 그건 실패할 확률이 높다.

현재 당신이 하는 일에 믿음과 목적의식으로 임하면서 소망하는 일을 하는 당신의 모습을 머릿속에 그려라. 그 비전과 믿음이 창조의 힘을 움직여 당신이 염원하는 일을 당신 쪽으로 밀어줄 것이다. 이때, 당신이 처한 현재의 환경을 당신이 바라는 환경으로 움직여가는 동력이 필요하다. 그게, 바로 당신의 '행동'이다.

이 장을 마치기 전에, 앞서 제시한 원칙에 새로운 원칙을 더해 보자.

하나, 이 세상에는 원천 물질이 있고 세상 만물은 모두 거기서 만들어진다. 원천 물질은 이 우주 곳곳에 스며 있고, 배어 있고, 그 겹겹이, 층층이 쌓여 있다.

둘, 이 원천 물질이 생각하면 그 생각이 형태를 입어 하나의 물질이 창조된다.

셋, 인간은 생각에 형태를 입힐 수 있고 그걸 무형의 원천 물질에 각인시킴으로써 그 형태를 실제로 창조해 낼 수 있다.

넷, 이 모든 것을 이루려면 경쟁 마인드에서 벗어나 창조 마인드로 갈아 끼워야 한다. 원하는 것을 머릿속에 명확한 그림으로 그리고, 그것을 손에 넣겠다는 목적의식과 흔들림 없는 믿음으로 그 그림을 견지해야 한다. 이때, 비전과 목적의식을 흐리고, 믿음을 방해하는 요인에는 일체 마음의 문을 닫아야 한다.

다섯, 원하는 것이 당신을 찾아왔을 때 그걸 받을 수 있으려면, '지금' 당신이 관계 맺고 있는 사람, 사물을 대상으로 행동에 들어가야 한다. 지금 당장!

12장

행동은 반드시 효과적으로 하라

행동하라.

매일 행동하라.

모쪼록,

그날 할 수 있는

모든 일을 하라.

앞장에서 제시한 대로, 당신은 생각을 잘 활용해 지금 있는 곳에서 행동을 시작해야 한다. 당신이 현재 있는 그 곳에서 할 수 있는 모든 행동을 시작해야 한다. 사람은 지금 있는 자리보다 '더 큰' 사람이어야 전진할 수 있다. 현재의 자리에서 소임을 다하지 못하면 그 자리보다 더 큰 사람이라 할 수 없다. 이 세상은 현재 자리를 채우고도 뭔가 남는 사람들에 의해 전진한다.

이 세상에 현재 자기 자리를 제대로 채우는 사람이 아무도 없다면 만물은 퇴보하게 되어 있다. 사회, 정부, 상업, 산업 세계를 막론하고, 지금의 자기 자리를 채우지 못하는 사람은 무거운 짐짝이나 다름없다. 다른 사람이 적지 않은 비용을 들여 그 사람을 끌고 가야 하기 때문이다.

이 세상이 진보하는 속도가 처진다면 모두, 자신의 현재 자리를 채우지 못하는 사람들 때문이다. 이런 사람은 구시대적이고 인류 전체로 본 판도에서 뒤떨어지고 퇴보하게 마련이다. 사회 구성원이 저마다의 자리보다 상대적으로 능력이 떨어지면 사회는 결코 발전할 수 없다. 사회의 진보는 물질과 정신의 성장 법칙을 따르기 때문이다.

동물 세계에서 진화는 생명의 '넘침'을 통해 일어난다. 자연에서는 어떤 유기체가 현 상태의 기능으로 자신을 드러낼 수 있는 수준에서 '넘치는' 삶을 실현하면 그 생명 유지를 위해 이전보다 차원 높은 기관이 만들어진다. 자연에서 새로운 종은 이런 식으로 창조된다.

자신의 자리를 채우는 수준을 뛰어넘어 기능하는 유기체가 없다면 새로운 종은 절대 만들어지지 않는다. 이 법칙은 우리 인간에게도 동일하게 적용된다. 부자가 되는 일은 이 원칙을 당신 삶에 적용하는 문제다.

당신의 하루하루는 성공 아니면 실패의 연속이다. 당신이 원하는 것을 얻은 날은 성공적인 날이다. 날마다 실패한다면 결코 부자가 될 수 없다. 반면, 날마다 성공한다면 틀림없이 부자가 된다. 오늘 할 수 있는 일이 있는데 하지 않으면 당신은 그 일에 관한 한, 실패한 셈이다. 그 결과는 당신이 상상하는 수준보다 훨씬 더 심각할 수 있다.

인간은 아주 작은 일도 그 결과를 내다볼 수 없다. 고로, 당신을 위해 가동을 시작한 힘들이 어떻게 작용해 갈지 당신은 알 수 없다. 그러나 당신의 아주 작은 행동 하나에 실로 많은 것들이 달려 있을 수 있다. 당신의 작은 행동 하나가 부자 되는 위대한 가능성의 문을 여는 열쇠가 될 수도 있다는 뜻이다.

원천 물질이 당신을 위해 세상에 빚어내는 무수한 일들을 당신은 결코 알 수 없다. 그래서 작은 일을 사소하다고 생각해 무시하거나 하지 않고 방치하면 당신이 원하는 걸 얻는 과정이 심각하게 지체될 수 있다.

그러니 행동하라. 매일 행동하라. 모쪼록, 그날 할 수 있는 모든 일을 하라.

이때, 반드시 유념해야 할 사항들이 있다. 짧은 시간에 많은 일을 해 내려 과로하거나 맹목적으로 일에만 매달려서는 안 된다는 것이다. 내일의 일을 오늘 하지도 말고, 한 주의 일을 하루에 하려고 하지도 말라. 중요한 것은 당신이 하는 일의 개수가 아니라 개별 행동의 효율성이다.

각각의 행동은 그 자체가 성공 아니면 실패이다. 그래서 각각의 행동은 그 자체로 효율적일 수 있고, 비효율적일 수 있다. 비효율적인 행동은 실패이다. 당신의 삶을 비효율적인 행동에 허비하면 당신의 삶 전체가 실패작이 될 수 있다.

모든 행동이 비효율적이라면 당신은 일을 더 많이 할수록 불리해진다. 한편, 효율적인 행동은 그 자체로 성공적이다. 따라서 삶의 모든 행동을 효율적으로 만들 수 있다면 그런 삶은 전체가 성공적일 수밖에 없다.

실패하는 이유는 비효율적으로 하는 일은 너무 많은데 효율적으로 하는 일은 적기 때문이다. 비효율적인 행동을 하지 않는 대신, 효율적인 행동을 많이 하면 당신은 부자가 될 수 있다. 이는 자명한 일이다. 지금 당장, 당신이 수행할 개별 행동을 효율적으로 하라. 그러면 부자 되는 과학이 막연한 가설이 아니라 수학처럼 정밀한 과학이라는 걸 알게 될 것이다.

이제는 각각의 개별 행동을 어떻게 성공적인 것으로 만들 수 있는가 하는 문제가 남는다. 당신도 얼마든지 그리할 수 있다. 원천 물질의 모든 힘이 협력하기 때문에 당신의 개별 행동은 성공적일 수밖에 없다. 원천 물질의 힘은 실패할 일이 없기 때문이다.

원천 물질의 경이로운 힘이 당신을 위해 일한다. 그러니 모든 행동을 효율적으로 만들기 위해 당신이 할 일은 원천 물질의 힘을 행동에 투입하기만 하면 된다. 각각의 행동은 강하거나 약하다. 모든 행동이 강하다면 당신은 부자의 방식으로 행동하고 있는 셈이다. 비전을 견지하고 믿음과 의지력의 모든 힘을 쏟아붓는다면 당신이 하는 각각의 행동을 강하고 효율적으로 만들 수 있다.

단, 행동과 정신력이 제각각 따로 움직이는 사람은 이 지점에서 실패하기 쉽다. 이런 사람들은 어떤 시간, 어떤 장소에서는 정신력을 쓰고, 또 다른 시간, 또 다른 장소에서는 행동한다. 이래서는 성공적일 수 없다. 비효율적인 행동이 너무 많아진다. 그러나 행동할 때마다 원천 물질의 힘이 투입되면, 상황은 달라진다. 아무리 평범한 행동도 그 자체로 성공적인 행동이 된다. 모든 행동이 성공하면 또 다른 성공으로 가는 문이 열리기 마련이다. 그러면 당신이 원하는 것을 향해 움직이는 힘, 또 그것이 당신을 향해 다가드는 속도가 빨라진다.

성공적인 행동은 성공적인 행동의 결과 속에 축적된다는 사실을 기억하라. 근본적으로, 모든 생명체는 '더 큰' 삶을 살고 싶어 하는 욕망을 품고 있다. 그래서 누군가 '더 많은' 것을 잉태한 '더 큰' 삶 쪽으로 움직이기 시작하면 그 사람의 욕망은 원래보다 그 영향력이 몇 배로 증폭된다.

행동하라. 매일 행동하라. 당신이 그날 할 수 있는 모든 행동을 하라. 그리고 행동은 효율적인 방식으로 하라. 아무리 작고 사소한 행동이라도 행동하는 동안은 비전을 견지해야 한다. 비전의 세부적인 부분까지 항상 명확히 그려야 한다는 뜻이 아니다. 비전의 세부 사항을 상상하는 일은 시간이 남을 때 하면 된다. 비전이 기억 속에 뚜렷이 자리 잡을 때까지 반복해서 생각하는 일도 마찬가지다. 빠른 결과를 원한다면 시간이 허락될 때마다 이 작업을 하라.

꾸준히 생각하다 보면 당신이 원하는 것의 세부적인 그림을 확보할 수 있다. 그러면 그림이 머릿속에 단단히 고정되고 원천 물질의 내부에 완벽하게 전달된다. 그 결과, 일하는 시간에는 그 그림을 떠올리는 것만으로도 믿음과 목적의식을 다지고 최선의 노력을 펼칠 수 있게 된다.

여유 시간이 나면 머릿속 그림을 끊임없이 생각하라.

그래서 당신의 의식 세계가 그 그림으로 가득 차서 원할 때면 언제든 떠올릴 수 있게 하라. 그러면 당신은 그 그림이 주는 희망적인 약속에 힘입어 그것에 대해 생각하는 것만으로도 강력한 창조 에너지를 끌어낼 수 있게 된다.

앞 장에서 제시한 지침들을 다시 한번 반복해보자. 마지막 지침을 조금 바꾸어 방금 말한 내용을 덧붙여 보겠다.

하나, 이 세상에는 원천 물질이 있고 세상 만물은 모두 거기서 만들어진다. 원천 물질은 이 우주 곳곳에 스며 있고, 배어 있고, 그 겹겹이, 층층이 쌓여 있다.

둘, 이 원천 물질이 생각하면 그 생각이 형태를 입어 하나의 물질이 창조된다.

셋, 인간은 생각에 형태를 입힐 수 있고 그걸 무형의 원천 물질에 각인시킴으로써 그 형태를 실제로 창조해 낼 수 있다.

넷, 이 모든 것을 이루려면 경쟁 마인드에서 벗어나 창조 마인드로 갈아 끼워야 한다. 원하는 것을 머릿속에 명확한 그림으로 그리고, 그것을 손에 넣겠다는 목적의식과 흔들림 없는 믿음으로 그 그림을 견지하라. 이때, 매일 그날 할 수 있는 일을 하되, 각각의 행동을 효율적인 방식으로 하라.

13장

부디, 하고 싶은 일을 하라

당신에게 잘 맞는 일에 종사한다면

노력을 덜 들이고도

수월하게 부자가 될 수 있다.

그러나 가장 '만족스럽게' 부자가 되는 방법은

당신이 하고 싶은 일을 하는 것이다.

자신이 하고 싶은 일을 하면서 사는 것이 인생이다.

하고 싶지 않은 일을 억지로 해야 하고,

또 하고 싶은 일은 전혀 할 수 없다면

삶의 진정한 만족을 누릴 수 없다.

어떤 분야에서 일하든, 성공은 그 일에 필요한 능력을 얼마나 잘 계발하느냐에 달려 있다. 훌륭한 음악적 재능이 없는 사람이 음악 교사로 성공할 수 없고, 기계를 다루는 능력을 제대로 연마하지 않은 사람이 기술 분야에서 성공할 수 없고, 기지와 상술을 갖추지 않으면 상거래 분야에서 성공할 수 없다. 그러나 그 직업에 필요한 능력을 잘 계발했다고 해서 부자가 된다고 보장하지는 못한다.

음악적 재능이 뛰어난데도 가난을 못 면하는 음악가가 있고, 탁월한 능력이 있지만 부자가 되지 못한 목수, 상인, 기술공들도 많다. 사람을 대하는 수완이 좋은데도 불구하고 가난하게 사는 상인도 많다.

저마다의 능력은 도구다. 좋은 도구를 갖추는 것도 중요하지만 도구를 '올바른' 방법으로 사용하는 것도 못지않게 중요하다. 누구는 잘 드는 톱과 대패, 끌 같은 연장만 있으면 근사한 가구를 만들어내는 반면, 또 누구는 똑같은 연장을 써서 똑같은 공정을 거쳤는데도 결과물이 형편없다. 후자는 좋은 연장을 성공적인 방법으로 다룰 줄 몰라서 생긴 일이다.

다양한 정신적 능력은 부자가 되기 위한 과업을 수행하는데 당신이 활용해야 할 도구다. 정신적 도구를 제대로 갖추면 당신의 직업 분야에서 성공할 가능성을 높일 수 있다. 일반적으로 자기가 제일 잘하는 일을 할 때 누구든 최상을 끌어낼 수 있다. 즉, 자신에게 가장 잘 맞는 '천직' 말이다. 그러나 이 논리에도 한계는 있다. 사람이 자신이 타고난 성향과 기질에 맞는 직업만 선택하지는 않기 때문이다.

당신은 어떤 직종에 종사하든 부자가 될 수 있다. 혹여 그 직업에 필요한 재능을 갖추지 못했어도 괜찮다. 계발하면 된다. 다시 말해, 타고난 재능만 사용해야 한다고 한정 짓지 말고, 살아가면서 도구를 확보하면 된다는 뜻이다. 운 좋게도, 그 직업에 필요한 재능이 확보된 상태라면 물론 성공할 가능성이 더 클 것이다. 하지만 어떤 직종이든 당신은 성공할 수 있다. 그 직업에 필요한 재능은 계발하면 되는 일이고, 누구든 최소한의 기초적인 재능 정도는 갖고 있기 마련이다.

당신에게 잘 맞는 일에 종사한다면 적은 노력으로도 부자가 될 수 있다. 그러나 부자가 되는 가장 '만족스러운' 방법은 당신이 하고 싶은 일을 하는 것이다. 행복한 인생은 자신이 하고 싶은 일을 하면서 사는 것이다. 하고 싶지 않은 일을 억지로 해야 하고, 또 하고 싶은 일은 전혀 할 수 없다면 삶의 진정한 만족을 누릴 수 없다.

당신은 하고 싶은 일을 하면서 살 수 있다. 하고 싶은 일이 있다는 것은 그 일을 할 수 있는 힘이 당신 안에 들어있다는 증거다.

욕망은 힘의 표명이다.

음악 연주를 하고 싶다고 욕망을 느낀다는 것은 음악 연주를 하는 힘이 외부로 표현되고 계발되고 싶어 한다는 뜻이다. 기계를 발명하고 싶은 욕망을 느낀다는 것은 기계와 관련된 재능이 표출되고 계발되고 싶어 한다는 뜻이다.

재능 문제를 차치하고, 무언가를 할 힘이 없다면 그 일을 하고 싶어 하는 욕망도 생기지 않는 법이다. 어떤 일을 하려는 욕망이 강하면 그 일을 할 힘도 강하다는 뜻이다. 그러니 당신은 그 힘을 계발하고 적용하기만 하면 된다. '올바른' 방법으로 말이다.

고려할 다른 조건이 모두 같다고 볼 때, 당신이 가장 잘 계발한 재능을 펼칠 수 있는 직업을 선택하는 게 최선이다. 하지만 뛰어들고 싶다는 욕구가 강하게 느껴지는 직업이 있다면 당신은 그 일을 궁극적인 목표로 삼아야 한다.

당신은 얼마든지 자신이 원하는 일을 할 수 있다. 당신에게 잘 맞는 직종에 종사하는 것은 당신의 권리이자 특권이다. 당신에게는 하고 싶지 않은 일을 억지로 할 의무가 없다. 당신이 진정 원하는 직업으로 끌어주는 수단이 돼준다면 또 모르지만, 하기 싫은 일을 억지로 할 필요는 없다.

지난날의 시행착오로 지금 원치 않는 일을 하거나 원치 않는 환경에 있다면, 얼마 동안은 그 일을 해야 할지 모른다. 이럴 때, 그 일이 장차 당신이 원하는 일을 할 수 있게 징검다리가 되어 준다고 생각하면 즐겁게 임할 수 있을 것이다.

지금 당신에게 안 맞는 일을 하고 있다고 생각되더라도 다른 일을 너무 조급하게 찾으려 하지 말라. 전반적으로, 하는 일이나 환경을 바꿀 때는 '성장'을 기준 삼는 게 최선이다. 단, 어떤 기회가 왔을 때 심사숙고해 보고 좋은 기회라는 판단이 들면 새롭고 급진적인 변화라도 두려워할 필요는 없다. 하지만 그리하는 것이 과연 현명한

지 의심스러울 때는 갑작스럽게 조급한 행동을 해서는 안 된다.

창조 구도에서는 결코 서둘 필요가 없다. 창조 구도에서 기회는 얼마든지 많기 때문이다.

경쟁의식을 버리면 서두를 일이 일절 없다는 것을 알게 될 것이다. 경쟁의식은 필요 없다. 하고 싶어 하는 일을 못하게 당신을 억누를 사람은 없다. 기회는 모두에게 골고루 충분하다. 비록, 지금 한 자리를 놓쳐도 얼마 안 가 더 좋은 자리가 생긴다. 시간도 충분하다. 의심스러우면 기다려라. 머릿속 그림에 집중하는 단계로 돌아가 믿음과 목적의식을 다져라. 의심이 들고 확신이 서지 않을 때는 감사하는 마음을 키워라.

며칠 동안, 당신이 원하는 것의 비전에 집중하고 당신이 얻을 것에 진심으로 감사하는 시간을 가져라. 그러면 당신의 마음이 원천 물질에 더 밀착되고 당신이 행동에 착수했을 때 실수를 막을 수 있다.

이 우주에는 알아야 할 모든 것을 아는 전능한 하나의

'마음'이 있다. 깊이 감사하는 마음, 그리고 믿음과 목적의식으로 당신 삶을 성장시키겠다고 결의를 다지면 그 마음과 합일을 이룰 수 있다.

성급한 행동에서 실수가 빚어진다. 의심과 두려움으로 점철된 행동에서 실수가 빚어진다. '더 작은' 삶보다 '더 큰' 삶을 추구하는 올바른 동기. 그것을 망각하는 데서 실수가 빚어진다.

부자의 방식으로 부단히 나아가면 당신을 찾아오는 기회의 수가 점점 늘어날 것이다. 믿음과 목적의식을 굳게 다지고 진심으로 감사하며 전능한 마음과 계속 교류하려 노력하라.

날마다 그날 할 수 있는 일을 완벽하게 실행하라. 단, 조급해하거나 걱정하거나 두려워하지 말라. 최선을 다해 속도를 내되, 서두르지는 말라. 서두르기 시작하는 순간, 당신은 창조자가 아닌 경쟁자로 둔갑하여 다시 '가난'이란 과거의 나락으로 떨어지고 만다는 걸 명심하라.

서두른다는 느낌이 들면 그 즉시 멈추어라. 그리고 당

신이 원하는 그림에 집중하라. 당신이 그것에 다가들고 있다는 사실에 감사하라. 더 많이, 더 자주 감사할수록 당신 안의 믿음과 목적의식이 더 튼튼하게, 더 새롭게 정비될 것이다.

14장

성장, 그 경이로운 느낌을 주라

당신과 함께하면

상대도 성장한다는 느낌을

받을 수 있게 해야 한다.

사람들에게서

당신이 받는 금전 가치보다

더 큰 이용 가치를

상대에게 줄 수 있어야 한다.

당신이 직업을 바꾸든 바꾸지 않든, '현재'를 위해 당신이 취해야 할 행동은 어쨌든 '현재' 하는 일에 기반을 둔 것이어야 한다. 당신이 원하는 직업을 갖고, 원하는 사업을 하게 되는 길은 기존의 직업과 사업을 건설적으로 활용하는 것이다. 이게 바로, 부자의 방식을 따르는 행복이다.

만일, 사람을 대할 일이 많은 직업이라면 사적으로든 공적으로든, 당신의 상대는 당신이 하는 모든 노력에서 자신이 '성장한다'는 인상을 받을 수 있어야 한다. '성장'

은 이 세상 모든 사람이 추구하는 삶의 궁극적인 목표다. 동시에, '성장'은 자신을 더 충만하게 드러내길 소망하는 원천 물질의 욕망이기도 하다.

성장 욕구는 이 세상 만물의 근본적인 욕망이며 더 크게는 이 우주의 근원적 욕망이다. 인류의 모든 행위는 바로 이 성장 욕구를 근간으로 한다. 사람이라면 누구나 더 많은 음식, 더 많은 옷, 더 많은 안식처를 추구한다. 더 화려하고, 더 아름답고, 더 박식하고, 더 즐겁기를 추구한다. 이렇게, 인간은 무엇이든 더 많아지는 '더 큰' 삶을 추구한다.

살아있는 생명체는 부단히 발전하려는 욕망을 추구한다. 성장이 멈춘 삶은 그 즉시 해체와 사멸 작업이 시작된다. 우리 인간은 본능적으로 이런 사실을 알고 있다. 그래서 끝없이 무언가를 '더 많이' 추구하는 것이다. 이 영속적인 성장의 법칙은 달란트 비유로 성경에도 잘 나와 있다.

"있는 자는 더 받아 풍족히 되고, 없는 자는 있던 것까지 빼앗기리라."

더 많은 부를 바라는 마음은 다분히 정상적인 욕망이다. 결코 악한 것도 아니요, 비난받을 일도 아니다. 다만, 삶을 더 풍요롭게 살고자 하는 인간의 기본 욕망이요, 염원일 뿐이다. 이런 욕망은 인간 본연의 것이라 사람이라면 누구나 자기 삶에 더 많은 수단을 제공할 것 같은 사람에게 끌리게 되어 있다.

이 책에서 기술한 부자의 방식을 실천하다 보면 당신은 삶에서 부단한 성장을 도모해 갈 수 있다. 나아가, 당신이 상대하는 사람들에게도 그 기운과 에너지를 나눠줄 수 있다. 당신이 세상 만물에 성장을 제공하는 창조의 중심이 되는 셈이다. 이 말을 반드시 당신 스스로 믿어야 한다. 그래서 당신이 만나는 모든 사람에게 그 확신을 전해야 한다. 어린아이에게 막대 사탕 한 개를 파는 작은 거래라 할지라도 그 속에 '성장'의 에너지를 담아라. 그래서 당신의 고객이 그 에너지를 느끼게 하라.

당신이 하는 모든 일에 성장 에너지를 담고 그것을 전

파하라. 그래서 만나는 사람마다 당신을 '성장하는 사람'이라고 느끼게 하라. 당신이 만나는 사람 모두를 성장시켜 준다고 느끼게 하라. 일이나 거래 때문이 아니라 개인적으로 교제를 위해 만나는 사람에게도 '성장'의 인상을 주어라.

이런 인상을 남기기 위해서는 당신 스스로가 '성장하는 방식'으로 살고 또 일하고 있다는 굳은 믿음을 가져야 한다. 그래서 그 믿음이 당신이 하는 모든 행동에 스미고 각인될 수 있게 해야 한다.

당신은 성장하는 인격체며 당신이 만나는 사람들 모두를 성장시키는 성장의 주체다. 이런 확신을 품고 모든 일에 임하라. 다른 사람들이 느끼기에, 당신이 부자가 되고 있으며 아울러 다른 사람들을 부자 되게 돕는 한편, 자신을 이롭게 해주고 있다고 여기게 하라.

자신의 성공을 자랑하거나 떠벌리지 말고, 필요 이상으로 이야기하지도 말라. 진정한 믿음은 결코 과시하는 법이 없다. 떠벌리는 사람을 보면 속으로는 의심하고 두려워한다는 것을 알 수 있다. 오로지 믿음으로 임하라. 그래서 당신이 하는 모든 거래에 그 믿음을 작동시켜라. 당신의 모든 행동, 말투, 표정에서 당신이 부자가 되고 있다는 확신, 나아가 당신이 이미 부자라는 확신이 조용히 드러나게 하라. 다른 사람에게 이 느낌을 전하는 데 구태여 말은 필요 없다. 당신과 함께하는 공간에서 감지되는 성장 에너지를 느낀 사람들이 당신을 향해 자석처럼 끌려올 것이다.

당신과 함께하면 자신도 성장한다는 느낌을 받을 수 있게 해야 한다. 사람들에게서 당신이 받는 금전 가치보다 더 큰 이용 가치를 상대에게 줄 수 있어야 한다.

이런 당신에 대해 자긍심을 가져라. 그리고 그 자긍심을 다른 사람들 모두 알게 하라. 그러면 당신에게 고객이 끊이지 않을 것이다. 사람들은 과거에 자신이 성장을 경험한 곳으로 반드시 다시 발길이 닿게 되어 있다. 세상 만물의 성장을 염원하는 원천 물질은 이 모든 걸 알고 있다. 그래서 당신에 관해 모르는 사람들도 당신을 찾도록 할 것이다. 당신의 사업은 급성장하고, 당신은 예상치 못했던 수익에 즐거운 비명을 지를 것이다. 당신의 사업은 나날이 번창하고 수익은 높아진다. 그러다 마침내 당신이 원하던 직업에 발을 들여놓을 수 있게 된다.

단, 이 모든 과정을 거치는 동안 당신이 원하는 것의 시각적인 비전을 결코 놓쳐서는 안 된다. 원하는 걸 얻고자 하는 믿음과 목적의식을 견지해야 한다.

이때, '동기'와 관련해 한 가지 주의할 점을 짚고자 한다. 다른 사람 위에 군림하는 데 힘을 쓰고 싶어 하는 사악한 유혹을 경계하라. 정신적으로 아직 미성숙한 단계에 있는 사람은 타인 위에 군림하려 힘을 쓰는 것을 대단히 즐긴다. 자기만족을 위해 타인을 지배하려는 욕망은 이 세상에 숱한 재앙을 불러왔다. 실로 오랜 세월 동안, 수많은 왕과 군주들이 영토를 넓힐 야욕을 앞세워 이 세상을 피로 물들였다. 그런 행위는 결코 전 인류의 '더 큰' 삶을 위해서가 아니었다. 오로지 자기 자신들의 '더 큰' 힘을 위한 것이었다.

오늘날의 기업계, 산업계도 별반 다르지 않다. 그 주된 동기는 한결같다. '돈'이라는 무기를 동원해 타인 위에 군림할 힘을 얻고자 예전처럼 아귀다툼을 벌이며 다른 많은 이들의 삶과 마음을 소진하고 있다. 정치적 군주들과 마찬가지로 오늘날 기업계 권력자들 역시 힘을 좇는 욕망에 사로잡혀 있다.

성경도 '주인'이 되고자 하는 욕망에 관해서 경고하고 있다. 마태복음 23장에서 '주인'으로 대접받고 싶어 하던 바리새인들을 예수가 어떻게 표현하고 있는지 살펴보라. 바리새인들은 높은 자리에 올라 다른 사람 위에 군림하며 가난한 이들의 등에 무거운 짐을 지웠다. 예수가 바리새인들의 이 지배욕에 상반된 개념으로 제자들에게 설파한 것이 바로 형제애였다. 즉 '공동의 선(Common Good)'을 따르는 마음이었다.

권력을 좇으려는 유혹을 경계하라. 평범한 수준 이상의 존재로 추앙받고 싶어 하는 마음, 즉, '지배자'가 되려는 마음을 경계하라. 호화로운 외양 따위로 돋보이려는 유혹을 경계하라.

타인의 주인이 되고자 하는 마음은 경쟁 마인드다. 경쟁 마인드로는 결코 창조적인 작업을 수행할 수 없다. 당신의 환경과 운명의 지배자가 되어야 한다. 환경과 운명을 지배하는데 다른 사람들을 지배할 필요는 추호도 없다. 오히려, 높은 자리를 놓고 다투는 전쟁터에 발을 들이는 순간, 당신은 운명과 환경에 정복당해 포로가 되고 만다. 포로의 몸으로 당신이 부자가 되기 위해 할 수 있는 일이란 기회와 요행에 기대는 것 외에는 없다. 아무것도 없다.

모쪼록, 경쟁 마인드를 조심하라! 창조적 행동의 원칙과 연관해 새뮤얼 존스(Samuel Milton Jones)가 남긴 이 황금률보다 더 절묘하게 잘 들어맞는 말도 없다.

"나는 내가 얻고자 하는 것을 다른 사람들도 얻길 바란다."

15장

기필코, 성장하는 사람이 돼라

확실한 성장을 위해서는

당신이 지금 있는 그 자리를

능력만으로 채워서는 안 된다.

그 수준을 넘어서는 무언가가 더 필요하다.

자기 자리에서 큰 능력을 발휘하는 것과 더불어

자신이 되고자 하는 것에 관해

확실한 개념 정립도 되어 있어야 한다.

나아가, 당신이 되고자 하는 존재가 될 수 있다는 걸

당신 스스로 분명히 알고 있어야 한다.

그리고 되고자 하는 존재가 반드시 되겠다고

굳게 결심해야 한다.

앞장에서 기술한 내용은 전문직 종사자든, 노동자든, 상업에 종사하든 모두 똑같이 유효하다. 당신이 의사든, 교사든, 성직자든 관계없다. 다른 사람의 삶에 '성장'이란 선물을 줄 수 있다면, 또 다른 사람이 그걸 피부로 느끼게 할 수 있다면 누구든 당신에게 이끌리기 마련이다. 그렇게 되면 당신은 틀림없이 부자가 된다. 훌륭한 의사가 되겠다는 비전을 품고 굳은 믿음과 목적의식으로 그 비전을 완벽하게 실현하려 노력한다면 당신은 앞서 언급한 대로 생명 근원의 힘에 다가들 수 있다. 그러면 의사로서 탁월한 성공을 거두는 것은 물론이요, 당신이 의술을 펼치는 병원은 환자들로 넘쳐날 것이다.

특히, 의료계 종사자라면 이 책의 내용을 더 없이 효과적으로 실천할 기회가 있다. 어떤 대학에서 공부했는지는 중요하지 않다. 치유의 원칙은 누구에게나 똑같이 공평하게 적용되기 때문이다. 스스로 능력 있는 의사라는 확실한 비전을 품고 믿음, 목적의식, 감사의 원칙을 준수한다면 당신은 가히 '성장하는' 사람이라 불릴 만하다. 이런 의사라면 당신은 어떤 치료법을 쓰든 당신을 찾아오는 환자를 고칠 수 있다.

오늘날의 종교계만 하더라도 풍족한 삶을 위해 실제적인 과학을 가르칠 수 있는 설교자가 절실히 필요하다. 부자가 되는 과학과 더불어 건강하게 사는 법, 훌륭하게 사는 법, 제대로 사랑하는 법을 터득해 그 세부적인 내용을 설파할 수 있는 설교자에게는 신도의 행렬이 끊길 수가 없다. 이런 게 바로 세상이 바라는 복음서다. 사람들은 자기 삶의 성장을 약속하는 말을 기쁘게 들을 것이요, 그 말을 전해주는 사람을 온 마음으로 따를 것이다.

지금 이 세상은 삶의 과학을 다루는 명백한 경험의 실제적 구현이 시급하다. 우리에게는 방법만 가르쳐주는 데서 그치지 않고 그 방법을 몸소 실천해 눈앞에서 보여줄 설교자가 필요하다. 자신이 그 삶에서 직접, 부와 건강과 훌륭함과 사랑을 이룬 설교자, 그리고 그 모든 것을 얻는 방법을 가르쳐 줄 설교자 말이다. 그런 설교자가 있다면 사람들은 성심을 다해 따를 것이다.

교육자도 마찬가지다. 교사도 믿음과 목적의식을 기반 삼아 부단히 성장하는 삶에 관해 아이들에게 영감을 줄 수 있다. 그런 교사라면 결코 실직하는 일이 없을 것이다. '성장'을 놓고 믿음과 목적의식으로 무장한 교사는 학생들에게 성장하는 삶을 효과적으로 가르칠 수 있다. 그런 삶이 몸에 배어 있는 교사라면 모범이 될 수밖에 없다.

교사, 성직자, 의사에게 유효한 이야기라면 변호사, 치과의사, 부동산 중개인, 보험 설계사 등 이 세상 다른 모든 사람에게도 마찬가지로 유효하다.

앞에서 언급한 대로 생각과 행동이 조화를 이루면 실패란 있을 수 없다. 반복하건대, 결코 실패할 수 없다. 이책에서 언급한 모든 지침을 인내심을 갖고 꾸준히 실천한다면 누구나 부자가 될 수 있다. 성장의 법칙은 중력의 법칙과 다름없이 확실한 수학처럼 작동한다. 고로, 부자가 되는 것은 정밀과학이다.

임금 노동자도 앞서 언급한 경우와 마찬가지로 이 내용이 진실임을 알게 될 것이다. 지금 다니는 직장이 성장 기회가 보이지 않는다고 해서 스스로 부자가 될 기회가 없다고 단정 지어서는 안 된다. 나가는 생활비보다 받는 임금이 적다고 해서 부자가 될 수 없는 것도 아니다. 다만, 원하는 것의 명확한 비전을 품고 믿음과 목적의식을 갖고 행동을 시작하라.

그날 할 수 있는 모든 일을 하라. 매일 하라. 각각의 일을 완벽하게 성공적인 방식으로 수행하라. 성공 에너지를, 그리고 부자가 되겠다는 목적의식을 당신이 하는 모든 일에 불어넣으라.

단, 이런 식으로 일하면서 당신의 고용주나 상사가 알아서 당신을 성장시켜 주리라 기대해서는 안 된다. 그럴 가능성은 지극히 낮다. 가진 능력을 총동원해서 자기 자리를 지키는 직원, 즉 성실한 직원은 고용주 눈에 물론 귀한 일꾼이다. 하지만 그렇다고 해서 당신을 승진시켜 줄 거라 보장할 수는 없다. 이유는 간단하다. 그런 직원은 원래 있던 자리에 붙박아 놓는 편이 고용주로서는 더 이득이기 때문이다.

확실한 성장을 위해서는 당신이 지금 있는 그 자리를 능력으로만 채워서는 안 된다. 그 수준을 넘어서는 무언가가 더 필요하다. 자기 자리에서 큰 능력을 발휘하는 것과 더불어 자신이 되고자 하는 것의 확실한 개념 정립도 되어 있어야 한다. 나아가, 당신이 되고자 하는 존재가 될 수 있다는 걸 당신 스스로 분명히 알고 있어야 한다. 그리고 되고자 하는 존재가 반드시 되겠다고 굳게 결심해야 한다.

현재 당신이 있는 자리를 더 큰 무언가로 채우는 건 좋지만 그 목적이 고용주를 기쁘게 하는 것이어서는 안 된다. 당신 자신을 성장시키겠다는 생각으로 임하라. 그래서 상사든 동료든 개인적 친분이 있는 누구든 간에 당신에게서 뿜어져 나오는 굳은 의지력을 느끼게 하라. 당신을 통해 성장과 발전의 기운을 느끼게 하라. 그러면 누구든 당신에게 이끌리게 되어 있다. 만일, 지금 하는 일에 성장 기회가 없어 보인다 해도 괜찮다. 머지않아 다른 일을 할 기회가, 다른 직업을 갖게 될 기회가 당신을 찾아올 것이다.

앞서 말한 모든 법칙을 따르면서 행동하는 사람에게는, 즉 '성장하는 사람'에게는 반드시 기회가 찾아온다. 이 우주에 그런 힘이 분명 존재한다. 부자의 방식으로 행동하기만 한다면 신은 당신을 돕게 되어 있다. 신은 스스로를 돕기 위해서라도 반드시 그리하게 되어 있다.

당신이 처한 주변 상황이나 외부의 경제 사정은 당신이 부자가 되는 일과 아무 상관 없다. 혹시 철강 사업으로 부자가 못 됐다면 농업으로 부자가 될 수도 있다. 부자의 방식으로 행동하기 시작하면 희망 없는 철강 사업의 족쇄를 끊고 농장이든 어디든 당신이 원하는 곳으로 가게 될 것이다.

어떤 회사의 직원 수천 명이 한꺼번에 부자의 방식으로 일하기 시작하면 그 회사로서는 난감한 일이 아닐 수 없다. 그때부터 회사는 직원들에게 더 많은 기회를 주든지, 아니면 폐업을 감수해야 할지 모른다. 누구든 회사를 위해 일할 의무는 없다. 회사가 희망 없는 상태에서도 직원들을 붙잡아 둘 수 있는 이유는 직원들이 너무 무지해서 부자 되는 과학을 모르거나 너무 게을러서 그걸 실행할 능력이 없기 때문이다.

부자의 방식으로 생각하고 행동하기 시작하면, 당신 안의 믿음과 목적의식이 무기력한 상황을 호전시킬 기회를 쉽게 포착한다. 그런 기회가 금방 찾아온다. 우주 만물 안에서 거하며 당신을 위해 일하는 원천 물질이 그런 기회를 당신에게 가져다줄 것이다.

당신이 원하는 바를 한꺼번에 이뤄 줄 단 한 번의 기회를 기다리지 말라. 지금의 당신보다 더 나아질 수 있는 '하나의' 기회가 찾아오면 당신이 그쪽으로 당겨지고 있다는 느낌이 들 것이다. 그 하나의 기회를 붙잡아라. 그렇게 첫걸음을 잘 내딛고 나면 그보다 더 좋은 기회가 줄줄이 찾아올 것이다.

이 우주에서 성장하는 삶을 사는 자에게 기회의 부족이란 있을 수 없다. 세상 만물은 성장하는 사람을 위해 존재하고 성장하는 사람에게 유익을 주는 방향으로 협력해서 일한다. 그러니 부자의 방식으로 생각하고 행동한다면 당신은 틀림없이 부자가 될 수 있다. 누구든 이 책의 내용을 주의 깊게 살펴보고 기술된 지침대로 자신 있게 행동을 시작하길 바란다.

당신은 절대로 실패하지 않을 것이다.

16장

부자가 되고 싶다면 이것만은 기억하라

미래에 맞닥뜨릴지 모르는

재난이나 장애물,

또 난감하거나 복잡한 사태를

미리 생각하고 걱정하지 말라.

그 모든 게

당신 눈앞의 현실로 닥쳤을 때 수습해도

시간은 충분할 것이다.

세상 모든 어려움은

그것을 극복한 방안도

같이 품고 오는 법이다.

부자가 되는 정밀과학이 실제로 존재한다고 하면 코웃음을 치는 사람이 많을 것이다. 그런 사람은 부의 공급이 제한되어 있다는 고정관념에 싸여, 많은 사람이 부를 얻으려면 사회와 정부 구조가 바뀌어야 한다고 주장을 펼칠 것이다. 그러나 사실은 그렇지 않다.

정부가 대중을 가난에서 구제해주지 못하고 있는 건 사실이다. 그러나 정작 더 큰 이유는 대중이 부자의 방식으로 생각하고 행동하지 않기 때문이다. 대중이 이 책에 제시된 대로 움직이기 시작한다면 그 어떤 정부도 산업 체계도 그 에너지를 저지할 수 없다. 사회 모든 시스템이 앞으로 나가려는 움직임에 맞춰 전격 수정될 수밖에 없다.

사람들이 성장 의지를 품고, 스스로 부자가 될 수 있다고 믿으며 부자가 되겠다는 확고한 목적의식으로 전진해 간다면 그 무엇도 그들을 가난에 묶어둘 수 없다. 인간 개개인은 외부 환경이나 정부 체제 등에 구애 없이 부자의 특정 방식을 삶에 채용할 수 있다. 그래서 얼마든지 부자가 될 수 있다. 어떤 정치 체제 하에서든, 많은 개인이 부자의 방식을 실천한다면 사회 시스템이 바뀌고 아울러 다른 사람이 부자 되는 길도 열린다.

경쟁 구도에서는 부자 되는 사람이 많아질수록 그렇지 못한 사람이 불리해진다. 그러나 창조 구도에서는 부자 되는 사람이 많아질수록 그렇지 못한 사람도 같이 유리해진다. 이 책에서 제시한 과학적 방법을 실천하는 사람이 많아져야 재정적 압박으로부터 대중을 구제할 수 있다. 이들이 다른 사람들에게 길을 보여줄 수 있다. 진정한 삶을 위한 욕망, 그리고 그 성취의 기반이 될 믿음과 목적의식을 심어줄 수 있다.

지금 단계에서는 이 점만 기억하면 충분하다. 어떤 정부 체제도, 자본주의나 경쟁적인 산업 구조도 당신이 부자 되는 것을 결코 방해하지 못한다는 사실 말이다. 창조 구도를 기반으로 생각하기 시작하면 당신은 모든 외부 요인들을 극복하고 한 차원 다른 세계의 시민이 될 수 있다.

단, 반드시 창조 구도 위에서만 생각하라. 한순간도, 부의 공급량이 제한되어 있다는 생각에 빠지거나 경쟁의식에 휘말리는 일이 있어서는 안 된다. 예전에 생각하던 방식으로 회귀하려 할 때마다 그 즉시 자신을 다잡아라. 경쟁 마인드를 장착하는 순간, 당신을 향한 원천 물질의 협조는 끊어질 것이다.

미래에 일어날지 모를 비상사태를 생각하느라 시간을 허비하지 말라. 오늘 당신이 취해야 할 행동에 꼭 필요한 경우가 아니라면 말이다. 당신은 완벽하게 성공적인 방식으로 오늘 할 일에만 연결되어 있어야 한다. 내일 일어날지 모르는 비상사태에 얽매이지 말라. 비상사태는 눈앞에 닥쳤을 때 수습하면 된다.

당신이 종사하는 직업이나 사업에 불안한 기운을 드리우고 있는 방해물이 있어도 그걸 놓고 고심하지 말라. 차후 그 방해물의 공작을 막기 위해 오늘 당장 궤도 수정이 불가피한 경우가 아니라면 말이다.

저만치 보이는 장애물이 아무리 거대하다 해도 부자의 방식으로 임하면 당신이 그것에 다가들수록 장애물은 점점 작아질 것이다. 적어도, 그걸 넘어가거나 피해 갈 방도가 당신 눈에 띄게 되어 있다. 운 나쁘게도, 이런저런 상황이 겹쳐서 오더라도 부자가 되는 과학적 원칙을 꿋꿋하게 따르면서 앞으로 나가는 사람을 방해할 수 없다. 이 원칙을 실천하는 사람은 부자가 될 수밖에 없다. 2에 2를 곱하면 4가 될 수밖에 없는 이치와 같다.

미래에 맞닥뜨릴지 모르는 재난이나 장애물, 또 난감하거나 복잡한 사태를 미리 생각하고 걱정하지 말라. 그 모든 게 당신 눈앞의 현실로 닥쳤을 때 수습해도 시간은 충분할 것이다. 세상 모든 어려움은 그것을 극복한 방안도 같이 품고 오는 법이다.

당신이 하는 말에 유념하라. 당신 자신에 관해서든, 또 당신이 하는 일이나 그 무엇에 관해서든 사기를 떨어뜨릴 만한 말은 하지 말라. 실패의 가능성을 인정하거나 실패를 암시하는 말도 하지 말라. 힘든 시기라거나 사업 환경이 불안정하다는 말도 하지 말라. 경쟁 구도 위에 있는 사람은 그런 환경이 힘들고 불안정할 수 있다. 그러나 당신의 경우는 다르다. 당신은 원하는 것을 창조할 수 있으며 모든 두려움을 초월한 존재이기 때문이다.

다른 사람들이 제아무리 힘겨운 시기를 겪고 사업에 난항을 겪어도 당신에게는 더없이 멋진 기회가 찾아온다. 이 세상을 바라보고 생각하는 자세를 바꾸어라. 세상을 무언가 '되어가는(Becoming)' 유기체로 생각하고 바라보라. 성장하지 않는 것들은 무엇이든 '악'으로 여기라. 늘 성장의 관점에서 말하라. 그러지 않으면 자신의 믿음을 부정하는 행위요, 믿음을 부정하면 믿음을 잃게 된다.

당신 마음에 실망의 기운이 뻗치게 허용하지 말라. 어

떤 특정 시기에 무언가를 얻겠거니 기대했는데 그 시기에 얻지 못하면 실패로 보일 수 있다. 그러나 믿음을 놓지 않으면 그 실패가 외양으로만 그렇다는 사실을 알게 된다. 부자의 방식을 실천하다가 원하는 걸 얻지 못하더라도 괜찮다. 당신은 곧 더 좋은 걸 얻게 된다. 당시는 실패로 보였던 것이 사실, 엄청난 성공이었음을 알게 된다.

'부자의 과학'을 마음에 새긴 한 남자가 어떤 사업을 구상했다. 그 당시는 사업 전망이 대단히 좋았기에 그는 사업을 현실화시키고자 몇 주 동안 노력했다. 그런데 중요한 순간, 설명 불가한 이유가 얽혀 실패하고 말았다. 마치 보이지 않는 힘이 비밀리에 검은 손을 뻗기라도 한 듯했다.

그러나 그는 실망하지 않았다. 오히려 바라던 일이 이루어지지 않은 걸 신에게 감사하며 그 마음을 붙잡고 계속해서 일을 이어 나갔다. 그러다 몇 주 뒤, 이전 거래에서는 꿈도 꾸지 못할 훨씬 더 좋은 기회가 찾아왔다. 그제야 그는 자기보다 더 많이 아는 '더 큰' 존재가 좌절감에 빠져 더 좋은 기회를 놓칠 뻔한 자신을 도와주었음을 깨달았다. 이것이 바로, 외견상 실패로 보이는 모든 일이 당신을 위해 일하는 방식이다.

앞으로 실패하거든, 충분히 구하지 않았기 때문이라고 생각하라. 그리고 계속 구하라. 그러면 당신이 원하는 것보다 더 큰 것이 찾아온다. 이 점을 반드시 기억하라.

재능이 부족해서 당신이 하고 싶은 것을 못 하게 될 일은 없을 것이다. 이 책의 지침대로 실천하면 당신이 하는 일에 필요한 모든 재능을 계발할 수 있다.

이 책에서 재능 계발에 필요한 과학을 다루지는 않았다. 하지만 재능에 관한 과학도 부자가 되는 과정만큼이나 단순하고 명확하다.

능력 부족으로 아무래도 실패가 예견되는 상황에 놓이더라도 두려운 마음에 주저하거나 위축되지 말라. 거기서 멈추지 말고 계속 나아가라. 어느 지점에 당도하면 충분한 능력을 갖춘 당신 모습을 보게 될 것이다. 정규 교육도 제대로 못 받은 링컨 대통령이 미국 역사상 유례없이 위대한 업적을 이룬 데는 그를 도운 원천의 힘이 있었다. 똑같은 힘이 당신을 향해서도 준비되어 있다. 그러니 당신 삶에 주어진 소명을 다하는데 필요한 지혜를 온 마음으로 구하라.

이 책을 늘 곁에 두고 이 책에 담긴 모든 지침을 터득할 때까지 부단히 읽고 공부하라. 모든 내용에 확신이 생길 때까지 다른 오락거리나 유흥은 자제하라. 이 책의 지침에 위반되는 내용을 강의하거나 설교하는 곳을 멀리하라. 비관적이거나 부정적인 글을 읽지 말고, 그런 주제로 다른 사람과 논쟁하지도 말라.

이 책을 읽는 것 외에 독서가 필요하다면 이 책의 서문에서 언급한 작가들의 저서를 추천한다. 여유 시간에는 이 책을 읽으면서 당신이 원하는 것의 비전을 생각하라. 그리고 감사하는 마음을 길러라. 이 책에는 부자가 되는 과학을 이해하는데 필요한 모든 게 담겨 있다. 그 핵심 내용은 다음 장에서 확인할 수 있다.

17장

부자가 되는 과학의 핵심 원칙들

갖고 싶은 물건, 하고 싶은 일, 되고 싶은 존재를
머릿속에 명확하고 분명하게 그려야 한다.
생각 속에 각인시키고 그 바람을 이루어줄
초월적 존재에 감사해야 한다.
날마다, 그날 할 수 있는 일을
효율적인 방식으로 완수해야 한다.

비전이 분명한 정도, 목적의식이 견고한 정도,
믿음이 굳건한 정도, 감사하는 정도에 따라
부의 크기가 달라질 것이다.

만물이 창조되는 근본에는 무형의 근본 원소가 존재하는데, 이것은 우주 공간 전체에 겹겹이, 층층이 스며 있다.

이 원소에 생각이 깃들면 그 생각대로 사물이 창조된다.

사람은 사물을 생각해낼 수 있고, 그 생각을 무형의 원소에 각인함으로써 생각하는 대상을 창조할 수 있다.

그러려면 경쟁 마인드에서 벗어나 창조 마인드로 갈아끼워야 한다. 그러지 않고는 무형의 원천 물질과 조화를 이룰 수 없다. 원천 물질은 결코 경쟁하는 일 없이 늘 '창조'만 생각하기 때문이다.

사람은 무형의 원천 물질로부터 받은 축복에 진실로 감사하는 마음을 가져야 그 물질과 온전히 조화를 이룰 수 있다. '감사'는 사람의 마음을 원천 물질의 지력과 합일되게 한다. 그래야만 원천 물질이 그 사람의 생각을 받아들인다. 깊이, 부단히 감사하면 원천 물질과 합일을 이루어 창조 영역 위에 머물 수 있다.

갖고 싶은 물건, 하고 싶은 일, 되고 싶은 존재를 머릿속에 명확하고 분명하게 그려야 한다. 그 그림을 생각 속에 각인시키고 그 모든 바람을 이루어줄 초월적 존재에게 깊이 감사해야 한다. 부자가 되고 싶다면 시간 나는 대로 비전을 그리면서 그 비전이 현실로 다가오고 있다고 생각하라. 당신 머릿속에 그린 비전을 늘 생각하고 또 생각하라. 무엇보다 그게 중요하다. 이때, 굳건한 믿음, 깊은 감사가 반드시 수반되어야 한다. 그러면 당신이 그린 비전은 원천 물질에 각인되고 그 결과, 창조적인 힘이 가동되기 시작한다.

원천 물질의 창조 에너지는 자연적인 성장 경로를 따

라, 또 이 사회에, 산업계에 구축된 경로를 따라 움직인다. 이 책의 모든 지침을 굳게 믿고 실천하면 당신이 머릿속에 그린 비전이 그런 창조 에너지에 힘입어 현실로 나타난다. 당신이 원하는 모든 것이 창조의 기존 경로를 타고 당신을 찾아온다.

원하는 게 찾아왔을 때 그걸 받으려면 당신은 움직이고 있어야 한다. 현재의 자리를 채우는 수준, 그 이상으로 움직이고 있어야 한다. 그리고 머릿속에 그린 비전을 현실로 구현해 부자가 되겠다는 목적의식을 견지해야 한다.

날마다, 그날 할 수 있는 일을 완수해야 한다. 이때, 각각의 행동은 효율적인 방식으로 이루어져야 한다. 당신이 받은 현금 가치보다 더 큰 이용 가치를 타인에게 주어야 한다. 그래야 당신이 하는 모든 거래가 '더 큰' 삶을 가능하게 만든다. 더불어, 당신의 성장 지향적인 생각을 통해 당신과 접촉하는 사람들 모두, '성장'의 기운을 받을 수 있어야 한다.

이상, 위에서 언급한 지침을 따르는 사람은 누구든 반

드시 부자가 된다. 단, 이 점을 명심하라.

장차 당신이 받을 부는 비전이 분명한 정도, 목적의식이 견고한 정도, 믿음이 굳건한 정도에 따라, 그리고 감사하는 정도에 따라 그 크기가 달라질 것이다.

옮긴이 **이수정**

이화여대 신문방송학과를 졸업하고 고려대학교 언론대학원에서 수학했으며, 1999년에 미국으로 이주해 본격적으로 영어 번역을 시작했다. 한인 로컬 매거진 편집장으로 있으면서 다수의 매거진을 창간·편집했고 칼럼니스트, 에세이스트, 소설가로 꾸준히 활동하고 있다. 번역서로 《게이츠가 게이츠에게》, 《땡큐, 스타벅스》, 《나는 가능성이다》, 《혼자 이기지 마라》, 《100개만으로 살아보기》 등이 있다.

부는 어디에서 오는가
1910년 오리지널 초판본 표지디자인

초판 1쇄 펴낸 날 2023년 3월 10일
초판 3쇄 펴낸 날 2024년 11월 15일

지 은 이 월리스 D. 와틀스
옮 긴 이 이수정
펴 낸 이 장영재
펴 낸 곳 (주)미르북컴퍼니
자 회 사 더스토리
전   화 02)3141-4421
팩   스 0505-333-4428
등   록 2012년 3월 16일 (제313-2012-81호)
주   소 서울시 마포구 성미산로32길 12, 2층 (우 03983)
E-mail sanhonjinju@naver.com
카   페 cafe.naver.com/mirbookcompany
S N S instagram.com/mirbooks

* (주)미르북컴퍼니는 독자 여러분의 의견에 항상 귀 기울이고 있습니다.
* 파본은 책을 구입하신 서점에서 교환해 드립니다.
* 책값은 뒤표지에 있습니다.